DAVID JEREMIAH

Mientras el Señor regresa

Vivamos el hoy fielmente,
mientras esperamos por nuestro
glorioso mañana

La misión de Editorial Vida es ser la compañía líder en comunicación cristiana que satisfaga las necesidades de las personas, con recursos cuyo contenido glorifique a Jesucristo y promueva principios bíblicos.

MIENTRAS EL SEÑOR REGRESA
Edición en español publicada por
Editorial Vida – 2009
Miami, Florida

©2009 por David Jeremiah

Originally published in the USA under the title:
Until Christ Returns
©1999 por David Jeremiah
Published in Nashville, Tennessee by Thomas Nelson, Inc.

Traducción: *David Fuchs*
Diseño interior: *Yolanda Bravo*
Adaptación cubierta: *Grupo Nivel Uno, Inc.*

ISBN: 978-0-8297-5517-6

CATEGORÍA: Vida cristiana / General

IMPRESO EN ESTADOS UNIDOS DE AMÉRICA
PRINTED IN THE UNITED STATES OF AMERICA

09 10 11 12 13 ❖ 6 5 4 3 2 1

Dedicatoria

A mi padre, el Dr. James T. Jeremiah,
quien durante más de sesenta años
ha proclamado fielmente la Palabra de Dios.

Contenido

Reconocimientos

En primer lugar, en el centro de mi vida está mi maravilloso Salvador, que me da vida, energía y motivación, cuya palabra escrita llena mi mente y corazón con pensamientos que no puedo guardar para mí.

A Donna, mi esposa, quien conoce mi pasión por comunicar la Palabra de Dios y quien durante las largas horas en las cuales se crea un libro, no solo comprende, me anima. Esta ha sido su práctica constante durante los treinta y seis años de nuestro matrimonio. ¡Cuán bendecido soy!

A nuestro equipo en la Iglesia Comunitaria de Shadow Mountain y en el ministerio Momento Decisivo, quienes también me han motivado. A Glenda Parker, mi asistente administrativa en la iglesia, quien me ha servido en este puesto durante dieciocho años y continúa manejando los millones de detalles que podrían ocupar mi mente y mantenerme alejado de los períodos ininterrumpidos de estudio que son necesarios para la creación de mensajes y libros.

A Helen Barnhart, quien sirve en un trabajo similar al ministerio Momento Decisivo. Ella lo mantiene todo organizado en mi oficina y su habilidad con la computadora me ahorra horas, tanto en la preparación de los manuscritos como en la coordinación de su publicación.

Steve Halliday y Larry Libby, de Crown Media, una vez más han añadido su elegante toque a la edición del manuscrito.

A Sealy Yates, mi amigo personal y agente literario, quien maravillosamente me representa ante nuestros editores y fielmente también los representa a ellos ante mí.

Finalmente quiero expresar mi aprecio a los de Word Publishing, por su continua confianza. A Ernie Owen, Joey Paul, Lee Gessner y el resto del equipo en Word… gracias por orar por mí durante estos últimos meses y trabajar arduamente para que *Mientras que el Señor regresa,* se convierta en un proyecto que traiga honor y gloria a nuestro Señor.

DAVID JEREMIAH
Abril 1999

Uno

ESCUCHEMOS LA VOZ DEL MAESTRO EN MEDIO DE NUESTRO CAOS

A lo largo de la historia del mundo, en intervalos regulares, el temor a lo que podría ocurrir en el futuro ha motivado que muchos individuos se aferren a una fecha en particular para el regreso de Cristo y que planifiquen algunas acciones radicales a efectuarse durante o antes de esa fecha.

Por ejemplo, allá por 1843 una persona oriunda de Nueva Inglaterra, llamada William Miller, llegó a la ferviente creencia del inminente regreso de Jesucristo. Por desgracia, comenzó a especular sobre la fecha de ese regreso usando algunos cálculos matemáticos dudosos. Reunió una cantidad de datos, los analizó y sintió la seguridad de que no había cometido error alguno. Así que con toda confianza anunció a sus seguidores que el 21 de marzo de 1843, Jesús regresaría a la tierra.

Los registros históricos nos cuentan que un cometa que atravesaba el cielo nocturno ayudó a confirmar las falsas predicciones de Miller. A la medianoche del día señalado sus devotos seguidores se colocaron sus túnicas de ascensión, se dirigieron a las montañas, subieron a los árboles para estar lo más alto posible y así viajar «una distancia menor en el aire» cuando el Señor regresara a llevarlos a casa.

Pero el día vino y se fue. El Señor no regresó y los árboles estaban terriblemente incómodos.

Fue así como un abatido grupo de seguidores de Miller recorrió penosamente el camino de regreso a casa, para en la mañana del 22 de marzo desayunar tardíamente acompañado por los abucheos y chiflidos de sus vecinos y «amigos». Fue un día triste y amargo para estos hombres y mujeres profundamente desilusionados.

Pero William Miller no era un hombre que se rindiera fácilmente. Inmediatamente regresó a las Escrituras y encontró un «error» en sus cálculos, ¡le había faltado contar un año! Esto fue lo que pasó, así que 365 días más tarde los seguidores de Miller volvieron a ponerse sus túnicas, subieron a los árboles y esperaron el regreso del Señor.

Y una vez más salieron desilusionados.

Llegados a este punto, los furiosos seguidores de Miller consideraron que ya era suficiente. Uno puede limpiarse las ramitas del cabello y soportar las mal habidas burlas solo durante un tiempo. Los seguidores de William Miller disminuyeron con rapidez hasta quedarse casi con nadie. La mayoría de sus discípulos le dieron la espalda a su sincero, pero delirante líder; y lo que es infinitamente más trágico, alejaron su corazón de Dios.

Debemos acreditarle a Miller que pronto él se arrepintió de haber establecido una fecha y públicamente admitió haber cometido un terrible error, no solamente en sus cálculos, sino en su ridículo intento de dar una fecha al regreso de Cristo. Por supuesto, para entonces ya había destruido su credibilidad junto con la fe de muchos de los que fueran sus seguidores.

La historia continúa

Nuestra generación ha visto ir y venir muchas fechas «importantes».

El cuadragésimo aniversario de la fundación de Israel como una nación moderna se llevó a cabo en 1988 y ese hecho animó una gran cantidad de predicciones sobre el inminente fin del mundo. Ciertos individuos insistían en que una «generación» bíblica consistía en cuarenta años, y entonces señalaban la predicción de nuestro Señor en Mateo 24, que dice que él regresaría antes del fallecimiento de la generación que vio el renacer de Israel (Mateo 24:32-34).

Edgar Whisenant se percató de esta migaja de razonamiento especulativo y publicó un pequeño libro titulado *88 Reasons Why The Rapture Will Be in 1988*. Él usó una peculiar mezcla de hechos acerca de las grandes festividades de la antigua Israel y los datos de calendarios antiguos y modernos para determinar que Cristo regresaría ese septiembre. Su libro creó un furor de interés y se vendieron 4,5 *millones* de copias en este país, además de una cantidad desconocida de ediciones en algunos idiomas extranjeros. De alguna forma terminé en la lista de este hombre y recibí cinco copias de ese libro.

Pero ese libro ya no se encuentra en los estantes de ninguna librería. ¿Por qué no? Porque 1988 vino y se fue, y el Señor Jesucristo no regresó.

Sin embargo, este hecho obvio y desalentador no disuadió a Whisenant, quien tomó una página del libro de Miller y anunció que en sus cálculos había cometido un error de un año, así que inmediatamente escribió otro libro, *Final Shout*, en el cual predijo que Jesús regresaría en 1989.

Por supuesto, de nuevo se equivocó. (Pero, por lo menos, sus seguidores no tuvieron que sacarse del cabello las ramas de los árboles.)

En 1992, Harold Camping, un contratista transformado en evangelista radial, publicó su predicción acerca de cuándo regresaría el Señor. En un libro titulado *¿1994?*, trató de formular un caso explicando por qué Jesús vendría en algún momento del mes de septiembre de ese año, probablemente el seis. Cuando septiembre vino y se fue, Camping dijo que posiblemente se había equivocado y que el Señor volvería a más tardar el dos de octubre. Pero una vez más Dios rehusó honrar estos «cálculos» y Jesús permaneció en el cielo junto a su Padre.

Un decepcionado seguidor de Camping, Alvin Allen, de Claymont, Delaware, le dijo al reportero de un periódico: «Todavía estamos tratando de comprenderlo. Nada de esto se hizo al azar. No tomamos fechas de la nada, sino que todo venía de la Biblia». El reportero añadió astutamente: «La Biblia, según la interpreta Harold Camping».[1]

El desafío de la locura del milenio

A medida que cruzábamos el umbral de un nuevo milenio, los libros proféticos se volvieron a multiplicar y los shows en vivo se ocuparon de realizar charlas sobre las atemorizantes implicaciones del año 2000. Aproximadamente tres años antes del Día-M, *Publishers Weekly* escribió: «Las editoriales comerciales publicarán libros calculando atraer amplias audiencias populares al explotar la ansiedad por el milenio. Este cambio trascendental estimula las más grandes preguntas: ¿Está cerca el fin del mundo? ¿Estamos al borde del Apocalipsis? De ser así, ¿qué significará eso para la raza humana?».[2] Y concluyó diciendo: «El potente año 2000... y tal vez hasta más de una década, podría traer una bonanza en el mercadeo, tanto en la religión como en otras categorías, con profetas que llevarán ganancias a las casas editoriales».[3]

Sin embargo, esta vez había un problema importante a enfrentar. Mi amigo Larry Burkett escribió en 1998 un artículo para la revista *Turning Point* sobre el dilema conocido comúnmente como «Y2K» (que significa «Año dos mil», por sus siglas en inglés). Burkett escribió:

La mayor parte de los ordenadores centrales —y una importante cantidad de computadoras personales— usan dos dígitos en lugar de cuatro para referirse al año. Por ejemplo, para estas computadoras 1998 es simplemente «98».

La asignación para el año 2000 se leerá «00». Muchas computadoras asumirán que 00 significa 1900 y comenzarán a generar datos erróneos o se apagarán por completo.

Los expertos dicen que las posibles consecuencias, debido a los dos dígitos faltantes, podría ir desde inconvenientes menores hasta una recesión económica.

De acuerdo con un autor que se encuentra involucrado en el House Banking Committee: «el virus del milenio "podría implicar errores en las cuentas corrientes, cálculo de interés o calendario de pagos. Podría significar problemas con el sistema de autobancos, las tarjetas de crédito o de débito. Podría afectar los registros bancarios, inversiones, transferencias monetarias"» etc.

Debido a que la mayor parte de nuestra economía depende de las computadoras, un mal funcionamiento extendido de las mismas podría paralizar una actividad económica normal. Hace solo unos meses ocurrió un ejemplo a pequeña escala de lo que podría suceder cuando dos ferrocarriles norteamericanos, Union Pacific y Southern Pacific, se unieron. Por desgracia, sus sistemas de computadoras no se pudieron comunicar.

Gigantes cosechas de granos terminaron varadas en el Medio Oeste, los puertos californianos se vieron atascados de productos que no podían ir a ninguna parte, y toda la producción se detuvo, desde el acero hasta los petroquímicos, porque la computadora de una compañía tuvo un fallo en el sistema.[4]

¿Te percataste de cuán dependiente de las computadoras se ha vuelto nuestra cultura? La enormidad del trabajo para corregir la falla Y2K, más las historias sobre los problemas, como el fracaso del ferrocarril, suscitaron increíbles especulaciones que iban desde la interrupción de los servicios básicos hasta un completo colapso social.

La locura del nuevo milenio alimentó estas preocupaciones. Muchas personas creyeron que el amanecer del año 2000 sería testigo del fin de esta era. Pensaron que la crisis de las computadoras con el Y2K señalaba la cercanía del regreso de Jesús a la tierra. Otros cristianos, como el teólogo reconstruccionista Gary North, enseñaron que el problema Y2K era el juicio de Dios para una raza humana orgullosa. Él escribió que en el caos posterior al 1 de enero de 2000, los creyentes comenzarían a «tomar dominio» de las instituciones gubernamentales del mundo, dando como resultado una nueva era que la iglesia dominaría y se caracterizaría por la adherencia mundial a la «ley moral de Dios». «Nunca hemos sido capaces, en toda la historia del hombre, de predecir con tanta exactitud un desastre mundial de esta magnitud», advertía North. «El reloj del milenio sigue corriendo. Nada podemos hacer».[5]

Ahora bien, yo he leído mi Biblia de principio a fin y aún no encuentro la palabra *computadora*. Después de los hechos vemos que una vez más el hombre usó su propio razonamiento para intentar predecir la obra del Señor. El «virus Y2K» era un problema legítimo, pero no era una señal del regreso del Señor, sino una creación del hombre.

Sin embargo, eso no quiere decir que debemos dejar de prepararnos para la reaparición de Cristo en medio nuestro. Él vendrá otra vez. Pero la guía de nuestra preparación deben ser las Escrituras, no el pensamiento humano. Y es en la Biblia que he encontrado algunos principios sobre cómo debemos comportarnos en este tiempo de gran transición en la historia.

Toda mi vida he creído que la venida del Señor se acerca y todavía estoy convencido de que él podría regresar en cualquier momento. Si este período en la historia hace que hombres y mujeres se detengan por un instante y piensen seriamente en lo que la Palabra de Dios tiene que decir referente al regreso de Cristo, entonces se lo agradeceré al Señor. A mí me alegraría mucho que él regresara en el 2000. De hecho, en lo que a mí respecta, él no tendría por qué esperar tanto tiempo. Él prometió que regresaría en cualquier momento y yo digo: «mientras más pronto, mejor».

Demasiadas voces

Escuchamos muchas voces proclamando lo que el futuro nos deparará. Demasiados argumentos. Demasiadas especulaciones. Todo el mundo tiene una teoría, una idea. Y no solo estoy hablando de CBN, de los programas de radio y televisión, de libros y revistas, de cientos de páginas web y del periódico *USA Today*. Las voces predicen todo, desde las más grandes utopías creadas por el hombre hasta las peores pesadillas apocalípticas. El mundo entero parece tener un enfoque de lo que está por venir. ¿Cómo analizar todo esto? ¿Cómo decidir qué creer sobre el futuro?

Me gustaría sugerir que hay un enfoque en el que debemos confiar más que en cualquier otro, un «supuesto» que deberíamos preferir sobre todos los «supuestos». Una opinión que debemos valorar más que cualquiera otra opinión. En medio de las miles de estridentes voces pidiendo nuestra atención, hay solo una voz que necesitamos escuchar.

La voz de nuestro Señor Jesucristo.

Es probable que te preguntes: «¿Pero qué tiene *él* que decir sobre el futuro?» Te sorprendería descubrir cuánto tiene él para decir sobre el futuro. *Tu* futuro.

Lo que dice Jesús sobre el futuro

A Jesús no le preocupaba el futuro, como tampoco le preocupaba lo que podría suceder. Los Evangelios dejan claro que Jesús, más que cualquier otra persona que haya caminado por este planeta, sabía lo que el futuro le deparaba tanto para él personalmente como para todo el mundo. Con toda confianza podemos hacer cuatro afirmaciones sobre la relación de Jesús en referencia al futuro.

1. Jesús se refería al futuro con frecuencia

Jesús, en sus conversaciones y discursos, a menudo hablaba acerca de sucesos futuros. Por ejemplo, en su discurso en el Monte de los Olivos, que aparece en Mateo 24:25, Jesús dejó clara una visión de los sucesos que acontecerían y concluyó diciendo a sus discípulos: «Fíjense que se lo he dicho a ustedes de antemano». Él quería que ellos supieran por adelantado algunos hechos que les ayudarían (y a nosotros también) a enfrentar los días venideros.

En Marcos 13:23 él dijo algo similar: «Así que tengan cuidado; los he prevenido de todo». Jesús tenía el hábito de prepararnos para el futuro, incluso durante los días anteriores a su muerte. Él se aseguró de decirles a quienes lo rodeaban algunas cosas que podrían anticipar en los días venideros. Así que no permitas que nadie te diga que Jesús no se preocupó por el futuro. Los hechos nos dicen lo contrario. Jesús se refirió al futuro en gran manera.

2. Jesús reprendió a la gente por no saber acerca del futuro

Jesús no solo habló en muchas ocasiones sobre el futuro, sino que también reprendió y reprochó a la gente porque no parecían reconocer que los sucesos importantes que se profetizaban estaban ocurriendo a su alrededor. En una ocasión regañó a los miembros de una multitud, diciéndoles que aunque eran capaces de ver las nubes y decir cuándo iba a llover y aunque podían observar el viento soplar en el campo y anticipar cuándo se acercaba el clima cálido, por alguna razón eran incapaces de interpretar las señales de esos tiempos. Y él los reprendió de esta forma: «¡Hipócritas! Ustedes saben interpretar la apariencia de la tierra y el cielo. ¿Cómo es que no saben interpretar el tiempo actual?» (Lucas 12:56).

Para Jesús no era cosa de poca importancia que la gente de su generación permaneciera ignorante en cuanto a la palabra profética de Dios. Él esperaba que fuesen capaces de abrir sus ojos, mirar a su alrededor y sumar dos más dos... pero descubrió que ni siquiera habían aprendido los números.

¿Qué significa esto para nosotros? Por un lado, si alguien viene ante ti y te dice, «en realidad no estoy interesado en las profecías. No estoy interesado en este asunto del futuro», entonces debes leerle Lucas 12:56. Luego señálale cómo utilizó Jesús la palabra *hipócrita* para describir a una persona que le da más importancia a las predicciones del clima que a las predicciones de la Palabra.

La Biblia nos enseña a *siempre* estar a la espera del regreso de Cristo, no con atemorizantes especulaciones que alimenten nuestros propios «cálculos» sobre el milenio, al estilo de Miller, sino con el sobrio discernimiento que el Espíritu nos da. ¿Qué más querría decir la Biblia cuando dice: «Preocupémonos los unos por los otros, a fin de estimularnos al amor y a las buenas obras. No dejemos de congregarnos, como acostumbran hacerlo algunos, sino animémonos unos a otros, *y con mayor razón ahora que vemos que aquel día se acerca*»? (Hebreos 10:24-25, énfasis del autor). ¿Cómo podemos ver que ese «día se acerca» si ni siquiera lo estamos buscando?

Debemos investigar lo que la Biblia tiene que decirnos y pedirle a Dios que nos ayude a determinar el día y la hora en la cual vivimos. No podemos permanecer ignorantes de las «señales de este tiempo» simplemente porque nos incomoden nuestros pensamientos del futuro.

3. Jesús relacionó la verdad futura con las situaciones presentes

Un pastor amigo mío me preguntó una vez si yo continuaba estudiando las profecías y predicando sobre ellas:

—Sí —respondí.

—Bueno —me dijo él—, yo he dejado de hacerlo.

—¿Por qué? —le pregunté.

—¿Sabes qué, Jeremiah? —me dijo—. He llegado a la conclusión de que las profecías no son relevantes en nuestros días. No tienen nada que ver con relación a dónde está la gente en la actualidad en sus situaciones contemporáneas. La gente tiene muchas necesidades y tantas heridas que me parece que es una pena pasar tiempo mostrándoles gráficas proféticas y hablándoles sobre el futuro y todo eso.

Tal «sabiduría» podría sonar buena, prudente y práctica, pero ignora un determinante hecho: *cada vez que Jesús hablaba sobre el futuro, lo relacionaba con el presente.* Fuertes motivaciones y exhortaciones sobre cómo debemos vivir en la actualidad apoyan constantemente las profecías del Nuevo Testamento.

Al prepararme para escribir este libro escudriñé el Nuevo Testamento y recordé una vez más cómo el Señor usó la verdad sobre el futuro para animar e instruir a sus discípulos acerca de sus vidas cotidianas.

Por ejemplo, considera Juan 14:1-3: «No se angustien. Confíen en Dios, y confíen también en mí. En el hogar de mi Padre hay muchas viviendas; si no fuera así, ya se lo habría dicho a ustedes. Voy a prepararles un lugar. Y si me voy y se lo preparo, vendré para llevármelos conmigo. Así que ustedes estarán donde yo esté». Aquí Jesús relacionó su ascensión y regreso —en el momento en que dijo estas palabras estos eran eventos futuros— con la experiencia actual de la paz de sus discípulos. Él creía que si les decía a sus seguidores lo que vendría en el futuro, ellos se fortalecerían para vivir más vibrantemente en el presente.

O considera lo que el Maestro dijo en Juan 16:1: «Todo esto les he dicho para que no flaquee su fe». En otras palabras: «Hombres, si comprenden lo que les estoy diciendo sobre el futuro, no estarán tropezando. No caerán en la trampa de correr aterrorizados cuando no hay razón para sentirse así».

En Juan 16:4, Jesús dijo lo siguiente: «Y les digo esto para que cuando llegue ese día se acuerden que ya se lo había advertido». Están llegando los días en los que la mano de Dios moverá este mundo en maneras asombrosas. Si conocemos la Palabra de Dios, no nos sorprenderemos. No nos veremos horrorizados ni nos atraparán aprehensiones repentinas. De hecho, Jesús dijo: «Les he hablado sobre estas cosas para que cuando sucedan no les dejen fuera de curso. Ustedes tendrán un sentido de lo que está haciendo Dios».

Este elemento de la enseñanza de Jesús ha marcado en gran manera la dirección de este libro. Si estás buscando un manual para el futuro que no implique demandas para ti en la actualidad, una guía para los días futuros que no tenga que ver con los días actuales, has venido a un lugar equivocado. No me entusiasma ningún libro que inspire preocupación por los sucesos futuros, si ignora lo que Dios quiere que hagamos en la actualidad. Mi estudio acerca de la profecía me convence de que Dios intenta que conozcamos los sucesos futuros para mantenernos «ocupados» con un sentido de urgencia mientras el Señor regresa.

4. Jesús reveló el futuro para que sus discípulos pudieran descansar en él

¿Recuerdas el artículo de Larry Burkett que cité antes? Al final del artículo, Burkett no dio ninguna respuesta al problema que había destacado. Pero sí dijo lo que yo considero el punto crucial del asunto: «No sabes cuál es la respuesta, pero sí sabes *Quién* es la respuesta».[6]

¡Eso está tan bueno! Si no sabes cómo van a salir las cosas, tienes que aferrarte fuertemente al Señor Dios y confiar en el Señor Jesucristo. Se nos ha dicho que «descansemos» en el Señor. Ese es el mensaje que encontramos a través del Nuevo Testamento.

Al final del vitalmente importante capítulo 16 de Juan, Jesús les dice a sus discípulos: «Yo les he dicho estas cosas para que en mí hallen paz. En este mundo afrontarán aflicciones, pero ¡anímense! Yo he vencido al mundo» (v. 33).

A través de este capítulo Jesús habla sobre el futuro y lo que está por pasar. Él anuncia a los discípulos su inminente muerte, la subsecuente persecución, la tristeza, el dolor y las penurias que están por venir. Pero después de predecir todos estos atemorizantes hechos, él dice: «No se dejen atrapar por eso. Asegúrense, en medio de estos tumultuosos tiempos, de colocar toda su confianza en mí».

Si has colocado tu fe en Cristo y has invertido un tiempo significativo en la Palabra de Dios, los tiempos difíciles serán como un imán que te acercará al Señor Jesús. Nada sucederá, jamás, que atrape a Jesucristo por sorpresa. Él es capaz de ayudar a sus hijos a superar cualquier cosa, y en el futuro no sucederá nada que pueda cambiar este hecho.

Así que en lugar de pasar tiempo leyendo sobre el futuro y tratando de dilucidar los matices de lo que podría traer consigo, quizás debas emplear por lo menos la misma cantidad de tiempo conociendo mejor al Señor. Entonces, cuando el futuro se transforme en el presente, gozarás de una relación maravillosamente cercana al todopoderoso Dios y podrás caminar con el Señor Jesucristo en fortaleza. Sin importar lo que suceda.

¿Por qué debemos escuchar la voz de Jesús más que las demás voces?

Jesús habló mucho sobre el futuro, reprendió a sus oyentes por no saber sobre el futuro, relacionó el futuro con la vida presente y les habló a sus discípulos sobre el futuro para motivarlos a descansar en él durante los momentos difíciles.

De acuerdo. Pero, ¿por qué debemos escuchar a Jesús? ¿Por qué debemos leer nuestras Biblias más de lo que leemos las revistas futuristas o revisamos las páginas web?

En solo una semana recibí cuatro libros acerca del futuro de la iglesia, el mundo y los negocios. Sería increíblemente fácil pasar todo tu tiempo leyendo las toneladas de libros futuristas que se publican cada semana, y si lo hicieras, te confundirías muy rápidamente porque no hay dos libros que estén de acuerdo sobre lo que está por venir. No hay ayuda segura en esto.

Pero, ¿por qué debemos escuchar al Señor Jesús? ¿Por qué debemos confiar en lo que *él* dice? ¿Por qué debemos escuchar su voz más que todas las demás? ¿Por qué debemos estudiar la Biblia, especialmente los Evangelios, en los cuales Jesús habla sobre lo que él quiere que nosotros sepamos en referencia al futuro?

Si tú has colocado tu fe en Jesucristo para la salvación, la respuesta más obvia es: «Porque somos cristianos». Si nuestro Salvador dice explícitamente que él quiere que sepamos ciertas cosas de lo que sucederá más adelante, seríamos increíblemente necios si lo ignoráramos. Pero más allá de eso, yo creo que por lo menos hay cinco razones por las cuales debemos estar ansiosos de escuchar su consejo en referencia al futuro.✳

1. Debido a quién es él

¿Quién es Jesús? Es el Hijo de Dios y el Hijo del hombre. Es Dios-hombre y hombre-Dios. Es el Mesías, el hijo del Dios viviente. Es Dios caminando en un cuerpo. Es el Dios eternamente entronado a la derecha del Padre. Jesucristo es Dios hecho carne.

En el prólogo del libro del Apocalipsis tú puedes encontrar una de las más grandes ilustraciones acerca de quién es él y por qué debemos escuchar sus palabras. Juan, el autor de ese libro, estaba en la isla de Patmos el día del Señor. Él vio a Aquel que debemos escuchar y dijo: «Al verlo, caí a sus pies como muerto; pero él, poniendo su mano derecha sobre mí, me dijo: «No tengas miedo. Yo soy el Primero y el Último, y el que vive. Estuve muerto, pero ahora vivo por los siglos de los siglos, y tengo las llaves de la muerte y del infierno. Escribe, pues, lo que has visto, lo que sucede ahora y lo que sucederá después» (Apocalipsis 1:17-19).

¿A quién otro conoces con un pie plantado en la eternidad y el otro plantado en el tiempo? ¿A quién otro conoces que haya estado en el futuro y que por lo tanto ahora nos diga: «Esto es lo que deben esperar que suceda en los días que están por venir»?

¡No hay nadie como el Señor Jesucristo!

Nadie que haya vivido o que vivirá tendrá una comprensión del futuro tan remotamente firme y completa como el Señor Jesucristo. Por ser Dios, solo él vive en el tiempo al que se refiere al hablar. Dios vive en todos los tiempos como si fuera el presente. Él ve todo el desfile de la historia de principio a fin. Nosotros vemos pequeños fragmentos de la historia, pero Dios Todopoderoso la ve en su totalidad, y Jesucristo, como Dios, nos dice qué debemos esperar.

Debemos escuchar al Señor Jesucristo por ser quien es. En él es en quien debemos confiar. Él es el Dios-hombre. Él es el Hijo de Dios, Aquel que es eterno, el Alfa y el Omega, el Principio y el Fin, el Primero y el Último.

2. Debido a lo que dijo

Jesús, a través del Nuevo Testamento, profetizó sucesos futuros. Estas son profecías que podemos revisar y comprobar no solo mediante la Palabra de Dios, sino también en la historia secular. Y podemos preguntar: ¿Podemos confiar en Jesús cuando nos habla?

Creo que una de las más asombrosas profecías de Jesús se refería a la destrucción del templo en Jerusalén. Cuando hizo esta predicción, su profecía debió parecer completamente disparatada. Leemos acerca de esta en Mateo 24:1-2:

> Jesús salió del templo y, mientras caminaba, se le acercaron sus discípulos y le mostraron los edificios del templo.
> Pero él les dijo: «¿Ven todo esto? Les aseguro que no quedará piedra sobre piedra, pues todo será derribado».

Esta afirmación debe haberles parecido absurda a los hombres y mujeres que escucharon proferir estas perturbadoras palabras. El templo, en la época del ministerio de Jesús, era indudablemente una de las más asombrosas estructuras en el mundo. Sus constructores no usaron argamasa, como lo hacemos en la actualidad, en su lugar usaron enormes bloques de roca maciza, algunas de las cuales medían 12 metros por 4 metros por 4 metros, cortadas con tal pericia que encajaban perfectamente una con la otra, formando algo como un sistema empotrado.

Los edificios del templo estaban hechos de un mármol blanco reluciente y toda la muralla oriental del templo principal estaba cubierta de placas de oro, de manera que pudiera verse desde el oriente cuando salía el sol y las placas brillaban con su luz. Era la estructura más espectacular e impresionante que uno pueda imaginar, magnífica de acuerdo a las normas de cualquier época… y los discípulos no podían entender el concepto de que todo este grandioso complejo pronto se convirtiera en un montón de escombros.

Mientras caminaban por las edificaciones, señalando su magnificencia, no pudieron evitar decirle a Jesús: «¿No es este el templo maravilloso que construyó Herodes?» Y Jesús no pudo evitar responder: «¿Están ustedes realmente tan impresionados con todas estas resplandecientes construcciones? Permítanme que les diga algo. Pronto llegará el tiempo en el cual todo lo que ven ustedes aquí se convertirá en nada más que ruinas humeantes. Los enormes bloques de roca que ahora encajan con tanta precisión serán desparramados en el piso, destrozados, feos y carbonizados».

Los discípulos no podían imaginar la clase de cataclismo que se necesitaría para arrasar con el lugar, pero Jesús conocía la historia de ese lugar mucho antes de que los humanos informaran lo sucedido. De hecho, en el año 70 d.C., Tito, el general romano, construyó enormes andamios de madera alrededor de las paredes del templo, una táctica que nunca antes se había usado. En los andamios colocó más madera y otros materiales inflamables y les prendió fuego. El calor del fuego fue tan intenso que las rocas se desmoronaron y finalmente los soldados romanos tuvieron que rebuscar en medio de los escombros para recuperar algo del oro que se había derretido en las ardientes ruinas. Todo lo que quedaba en el lugar eran rocas arrasadas... tal como Jesús lo había predicho.

¿Cuáles eran las probabilidades estadísticas de que la profecía de Jesús se cumpliera tan literalmente? Los números aturden nuestra mente. Pero cuando Jesús habla, las probabilidades no significan nada. Lo que él predice se vuelve realidad. Se cumple lo que profetiza. Exactamente como dice que va a suceder.

O toma en cuenta otra profecía de nuestro Señor, una a más corto plazo. Un día Pedro estaba alardeando de su fidelidad ante el Señor. «Aunque todos te abandonen» declaró Pedro, yo jamás lo haré. «Te aseguro» le contestó Jesús, que esta misma noche, antes de que cante el gallo, me negarás tres veces» (Mateo 26:33-34).

Pedro era la persona casi más impredecible que uno pudiera imaginar. Sus cambios de humor y sus vaivenes emocionales eran legendarios. Si el Señor hubiera querido elegir a alguien predecible, de seguro tenía que buscar a otra persona que no fuera Pedro. El gran pescador era el más impredecible de todos los discípulos que él pudiera mencionar. Pero el Señor sabía lo que el futuro le deparaba a Pedro, y ocurrió exactamente lo que Jesús predijo:

> Mientras tanto, Pedro estaba sentado afuera, en el patio, y una criada se le acercó. «Tú también estabas con Jesús de Galilea», le dijo. Pero él lo negó delante de todos, diciendo: «No sé de qué estás hablando».
>
> Luego salió a la puerta, donde otra criada lo vio y dijo a los que estaban allí: «Éste estaba con Jesús de Nazaret». Él lo volvió a negar, jurándoles: «¡A ese hombre ni lo conozco!» Poco después se acercaron a Pedro los que estaban allí y le dijeron: «Seguro que eres uno de ellos; se te nota por tu acento». Y comenzó a echarse maldiciones, y les juró: «¡A ese hombre ni lo conozco!» En ese instante cantó un gallo (Mateo 26:69-74).

Jesús fue preciso en su predicción y de repente Pedro lo notó. Mateo concluye esta sección de su evangelio diciendo: «Entonces Pedro se acordó de lo que Jesús había dicho: "Antes de que cante el gallo, me negarás tres veces." Y saliendo de allí, lloró amargamente» (Mateo 26:75).

Una vez más se cumplieron las palabras de Jesús y sucedió exactamente lo que dijo que sucedería.

O considere otra predicción, dada precisamente antes de su muerte. Jesús proclamó que todo aquel que le había seguido estrechamente se dispersaría y huiría cuando a él lo arrestaran y crucificaran. Él predijo: «Esta misma noche» les dijo Jesús, «todos ustedes me abandonarán, porque está escrito: "Heriré al pastor, y se dispersarán las ovejas del rebaño"» (Mateo 26:31).

Solo unas pocas horas después arrestaron a Jesús y se lo llevaron. Mateo dice: «Entonces todos los discípulos lo abandonaron y huyeron» (26:56). Tal y como Jesús lo había profetizado.

Mi amigo, cualquiera sea la circunstancia en que Jesús habla, siempre da en el blanco. Él pasó el requisito del Antiguo Testamento de que un verdadero profeta debe ser cien por cien exacto (ver Deuteronomio 18:22). Dios no califica según el promedio de profecías acertadas. Un profeta que acierta el 95% de sus predicciones no se puede considerar un buen profeta. De acuerdo a la Palabra de Dios, si un profeta no acierta *completamente* sus predicciones, no puede calificar como un profeta de Dios. Jesús fue *el* profeta (ver Deuteronomio 18:15, 18), y por eso dio en el blanco cada vez que habló.

Jesús fue tan certero sobre su muerte y resurrección como lo fue en referencia al templo, a Pedro y a sus discípulos. Las predicciones sobre su crucifixión y entierro se encuentran en todos los Evangelios, pero solo considera unas pocas en el libro de Mateo. «Desde entonces comenzó Jesús a advertir a sus discípulos que tenía que ir a Jerusalén y sufrir muchas cosas a manos de los ancianos, de los jefes de los sacerdotes y de los maestros de la ley, y que era necesario que lo mataran y que al tercer día resucitara» (16:21).

Piensa en esto durante un momento. Cualquiera puede profetizar que lo van a asesinar en tres días; solo necesitas armar una pelea y alguien se enojará lo suficiente como para matarte. Pero «cualquiera» *no* podría decir: «Después de tres días, voy a salir de la tumba». Sin embargo, eso fue exactamente lo que Jesús declaró de manera constante: «Porque así como tres días y tres noches estuvo Jonás en el vientre de un gran pez, también tres días y tres noches estará el Hijo del hombre en las entrañas de la tierra» (Mateo 12:40). Esta predicción, como cualquier otra predicción que Jesús hizo, se volvió una realidad. Debemos escuchar a Jesús cuando habla sobre el futuro porque todo lo que él dice sobre sucesos venideros es absolutamente cierto.

3. Debido a cómo vivió él

¿En quién es más probable confiar, en un hombre honesto o en un mentiroso comprobado? ¿En un hombre íntegro o en un engañoso? ¿En un hombre que se preocupa por los demás o en uno que vela solo por sí mismo? ¿En un hombre que busca complacer a Dios o en uno que busca complacerse? ¿En un hombre que se conduce de acuerdo a su relación con el Padre o en uno que se conduce de acuerdo a su deseos de ganancias materiales?

Jesús es el único hombre que ha vivido en el planeta Tierra sin jamás haber pecado. Ni siquiera una vez. Jamás mintió. Jamás robó. Incluso, jamás deseó con lujuria. En una de sus confrontaciones con los fariseos, lanzó un desafío que le haría la boca agua a los periodistas modernos. «¿Quién de ustedes me puede probar que soy culpable de pecado?», les preguntó (Juan 8:46).

¿Recuerdas a Gary Hart, el candidato presidencial de hace unos pocos años? Él lanzó a la prensa un desafío como este cuando le cuestionaron sus presuntos devaneos fuera del matrimonio. Él desafió a los periodistas a probar que él había cometido este pecado y pronto los periódicos estaban llenos de borrosas fotografías de Hart en comprometedoras situaciones con su enamorada secreta. ¡Cuán diferente es, en lo que se refiere a Jesús! Él desafió a sus críticos: «¿Cuál de ustedes me acusa de pecado?» Y ellos permanecieron en silencio. No tuvieron nada que decir. ¿Por qué? Porque *no pudieron* acusarle de pecado alguno.

El apóstol Pedro lo puso de la siguiente forma: «Cristo ... no cometió ningún pecado, ni hubo engaño en su boca» (1 Pedro 2:21-22). El apóstol Pablo escribió que Dios hecho Cristo «no cometió pecado alguno, por nosotros Dios lo trató como pecador, para que en él recibiéramos la justicia de Dios» (2 Corintios 5:21). Debemos prestar atención especial a lo que Jesús dice porque él es la única persona en la historia que nunca ha cometido una ofensa en contra de Dios. Tal persona merece toda nuestra atención.

¡Pero no solo era que Jesús nunca cometió pecado! No solo se abstuvo de enfrascarse en la maldad, sino que además actuó siempre de maneras que honraron y glorificaron a Dios. No solo que continuamente evitó lo negativo, sino que siempre buscó lo positivo. Todo lo que hizo, lo hizo para honrar a su Padre. Como dijo: «Porque siempre hago lo que le agrada» (Juan 8:29). ¿Cómo puedes ignorar las palabras de una persona así?

Piensa en la persona más piadosa que conozcas. ¿Puedes en este instante ver su rostro en tu mente? ¿Qué es lo que te atrae de este hombre o mujer? ¿Su amabilidad? ¿Honestidad? ¿Integridad? ¿Fidelidad? ¿Sabiduría? ¿Gentileza? ¿Fortaleza? Cualquiera que sea la razón, Jesús poseía esa piadosa característica a la enésima potencia. Todas las cualidades y el carácter que tu piadoso amigo o amiga posea, son un préstamo del Hijo de Dios, la fuente de integridad y verdad. Debemos escuchar sus palabras sobre el futuro porque provienen de labios que nunca dijeron una mentira y siempre glorificaron a Dios.

4. Debido a cómo nos ama

La Biblia nos dice que Jesús es nuestro pastor, que él quiere guiarnos hacia el futuro. Él es nuestro capitán que se ha adelantado a nosotros. Él nos ama. Y sabemos que él nos ama por lo que hizo por nosotros. En Juan 10:11, Jesús dice: «Yo soy el buen pastor. El buen pastor da su vida por las ovejas». Mateo 9:36 nos dice que cuando Jesús vio «las multitudes, tuvo compasión de ellas; porque estaban agobiadas y desamparadas, como ovejas sin pastor».

¿Te sientes extenuado hoy? ¿Acaso los pensamientos de un futuro incierto te hacen sentir ansioso, preocupado o nervioso? ¿Acaso tu vida parece desamparada, fuera de control y frenética? Si es así, necesitas escuchar atentamente las palabras de Jesús, el Buen Pastor. Él conoce el futuro. Más particularmente, él sabe *tu* futuro e incluso ahora mismo está lleno de compasión por ti como una de sus ovejas. ¿No es hora de que escuches su calmada y gentil voz?

5. Debido a lo que él hizo por nosotros

¿Sabes por qué creo en el Señor Jesús y en lo que él dice? Porque me ha probado que mis mejores intereses están en su corazón. ¿Qué podría hacer él que ya no lo haya hecho? Ya dio su vida por nosotros. Romanos 5:8-10 lo pone de la siguiente forma: «Pero Dios demuestra su amor para nosotros en esto: en que cuando todavía éramos pecadores, Cristo murió por nosotros. Y ahora que hemos sido justificados por su sangre, ¡con cuánta más razón, por medio de él, seremos salvados del castigo de Dios! Porque si, cuando éramos enemigos de Dios, fuimos reconciliados con él mediante la muerte de su Hijo, ¡con cuánta más razón, habiendo sido reconciliados, seremos salvados por su vida!» Y Romanos 8:32 añade: «El que no escatimó ni a su propio Hijo, sino que lo entregó por todos nosotros, ¿cómo no habrá de darnos generosamente, junto con él, todas las cosas?»

Tú puedes confiar en Aquel que murió por ti. Él ha probado, más allá de cualquier duda razonable, su gran amor por aquellos que son sus hijos. Siempre hizo lo que dijo que haría, y las cosas que ya vemos cumplidas en su palabra, simplemente nos recuerdan que lo que él dijo sobre el futuro, de seguro ocurrirán.

Escucha su voz

Mi amigo, si no conoces a Aquel del que estamos hablando, esta voz que está por encima de todas las voces, lo más importante para ti es comenzar una relación personal con él. No es suficiente con ir a la iglesia. Si yo pensara que todo lo que necesitamos hacer para ir al cielo es ir a la iglesia, agarraría a la gente y las empujaría por la puerta de la iglesia lo más rápido que pudiera, y una vez que los tuviera adentro, diría: «¡Ahí va otro!»

Pero la verdad es que este asunto involucra algo bastante diferente a eso. El verdadero asunto no consiste en cantar himnos ni en hacer trabajo voluntario; ni siquiera en conocer la Biblia. *Es conocer a Jesucristo*. Jesús es aquel que dijo: «Yo he venido para que tengan vida, y la tengan en abundancia» (Juan 10:10).

Jesús dio su vida por ti y si tú le das tu confianza, no solo él te dará el día de hoy, sino que también te dará el futuro. Tú puedes avanzar al futuro con su mano en la tuya, rebosando de seguridad y sin temor alguno, sabiendo que él es tu refugio y tu fortaleza.

«No tengan miedo, mi rebaño pequeño, porque es la buena voluntad del Padre darles el reino», dijo en Lucas 12:32. Su promesa todavía está en pie. Y recuerda: ¡las promesas de Jesús siempre se hacen realidad!

Primera parte

Espera y observa

Dos

NO TE DEJES ENGAÑAR

Cuando comencé mi investigación para este libro, en las noticias figuraba mucho el «virus del milenio» y leí más de lo que me importaba acerca del mundo de las computadoras y el desafío Y2K. La preocupación por este desafío se movía desenfrenadamente en algunos círculos, ya que los hombres y mujeres se preocupaban por lo que sucedería al momento en que el calendario entrara en el año 2000. Fue entonces cuando alguien me envió la solución por excelencia:

> Se ha determinado que ya no habrá necesidad de las computadoras o de redes de cualquier clase, porque el objetivo es retirar todas las computadoras de los escritorios alrededor de enero de 1999. En lugar de esto, a todos se les proveerá un Telesketch.
>
> Hay muchas razones sanas para hacer esto: (1) no hay problemas con el virus Y2K; (2) cero errores técnicos que eviten que el trabajo se realice; (3) no se desperdiciará tiempo en leer y escribir correos electrónicos.
>
> Preguntas frecuentes para el soporte técnico del Telesketch:
> P: Mi Telesketch tiene esas extrañas líneas pequeñas en toda la pantalla. ¿Qué debo hacer?
> R: Levántalo y sacúdelo.

P: ¿Cómo apago mi Telesketch?

R: Levántalo y sacúdelo.

P: ¿Cuál es el comando para deshacer?

R: Levántalo y sacúdelo.

P: ¿Cómo puedo crear una ventana para un nuevo documento?

R: Levántalo y sacúdelo.

P: ¿Cómo unifico el color frontal y el color de fondo?

R: Levántalo y sacúdelo.

P: ¿Cuál es el procedimiento apropiado para reiniciar mi Telesketch?

R: Levántalo y sacúdelo.

P: ¿Cómo guardo un documento en mi Telesketch?

R: No lo sacudas.

¡Qué solución tan sencilla! ¡Deshacerse de todas las computadoras y reemplazarlas por una red de Telesketch en el ámbito mundial! (Estoy pensando en abrir una franquicia de Telesketch esta semana.)

Por otro lado... aunque la solución propuesta tuvo el pro de la simplicidad, también tuvo la desventaja de ser poco práctico. Un Telesketch simplemente no serviría. Un Telesketch podría ser divertido, pero no puede realizar el 99.99% de las funciones para lo cual se diseñaron las computadoras.

Ahora bien, tú podías haber continuado con este plan y haber permitido que alguien te convenciera de botar tu computadora y aceptar tu Telesketch. Mucha gente pensó en botar sus computadoras, ¡en ocasiones por soluciones igualmente «prácticas»! Tú podías haber hecho eso y haberte ido a dormir creyendo que tu problema estaría resuelto.

Pero te habrían engañado.

¡Cuidado!...

El engaño es un tema frecuente a lo largo de las Escrituras. Comenzó tan temprano como el Jardín del Edén, pero parece ocupar un lugar especialmente importante en los pasajes proféticos del Nuevo Testamento. En ninguna parte es más obvio que en Mateo 24, en el famoso sermón del Monte de los Olivos.

Un día los discípulos del Señor se acercaron a Jesús y le preguntaron: «¿Cuándo sucederá eso, y cuál será la señal de tu venida y del fin del mundo?» (24:3). El Maestro comienza su respuesta con estas palabras de advertencia: «*Tengan cuidado de que nadie los engañe*».

Si acaso existe una palabra que caracterice esos tiempos al mirar el futuro, esa palabra es engaño. La advertencia de nuestro Señor sobre el engaño debiera grabarse en nuestros corazones. Aunque siempre debemos estar alertas ante el engaño, el Señor Jesús declara aquí que debemos tener un cuidado especial ante el engaño espiritual a medida que se acerque el día de su regreso.

Tan importante es esta advertencia, que se registra en una segunda ocasión en el Evangelio de Marcos: «—Tengan cuidado de que nadie los engañe, —comenzó Jesús a advertirles—. Vendrán muchos que, usando mi nombre, dirán: "Yo soy", y engañarán a muchos» (13:5-6).

La advertencia vuelve a repetirse en Lucas 21:8: «—Tengan cuidado; no se dejen engañar —les advirtió Jesús—. Vendrán muchos que usando mi nombre dirán: "Yo soy", y: "El tiempo está cerca." No los sigan ustedes».

En estos tres pasajes Jesús está hablando del comienzo del período de la Tribulación. Él nos advirtió que al final de los tiempos habrá un aumento del engaño y un enorme potencial para que la gente resulte engañada. Hombres y mujeres se pararán y descaradamente dirán: «Yo soy la respuesta».

«Tengan cuidado», les advirtió Jesús, «No los sigan ustedes».

Para subrayar esta advertencia, Jesús dice más adelante: «y surgirá un gran número de falsos profetas que engañarán a muchos» (Mateo 24:11). Y más adelante añade: «Entonces, si alguien les dice a ustedes: "¡Miren, aquí está el Cristo!" o "¡Allí está!", no lo crean. Porque surgirán falsos Cristos y falsos profetas que harán grandes señales y milagros para engañar, de ser posible, aun a los elegidos (Mateo 24:23-24).

En tres ocasiones diferentes, a través de veinte versículos, Jesús advirtió a sus discípulos acerca del engaño venidero. Es como si les estuviese diciendo: «Señores, la característica básica de los días anteriores a mi regreso, será el engaño. Deben estar preparados, porque el engaño venidero será tan convincente y tan ampliamente difundido, que hasta mis escogidos pudieran ser engañados si tal cosa fuera posible».

El engaño en nuestro tiempo

No había pensado mucho en la importancia vital de estas advertencias hasta que comencé a observar nuestros tiempos con más cuidado. Estamos viviendo una época en la que a diestra y a siniestra se engañan a hombres y mujeres. De hecho, el engaño es una de las amenazas más grandes para la iglesia de Jesucristo durante estos días de inusitado interés sobre el futuro.

Casi cada semana llegan anuncios a mi escritorio de algún sistema nuevo de doctrinas, métodos nuevos para comprender la Biblia o algún seminario nuevo. Leo acerca de oportunidades de criar a nuestros hijos de maneras «frescas» y «emocionantes», mediante sistemas y técnicas que apoyan maestros con raíces en iglesias que hemos conocido y respetado durante muchos años. Y, sin embargo, muchas veces sus enseñanzas son peligrosas, engañosas y no son bíblicas.

Esta es una época en la que todo el pueblo de Dios necesita mantener sus ojos y sus Biblias muy abiertos. Debemos pedirle a Dios discernimiento como nunca antes.

Es probable que estés pensando: *Me parece extraño que puedan engañar a personas que conocen a Dios.* Tal vez te parezca extraño, pero realmente sucede. Tristemente, sucede todo el tiempo… y siempre ha sucedido. Si el peligro no fuera tan real, ¿por qué las epístolas del Nuevo Testamento le advierten al pueblo de Dios, en no menos de once ocasiones, la posibilidad de ser engañados? (ver Romanos 16:18; 1 Corintios 3:18; 6:9; 2 Corintios 11:3; Gálatas 6:7; Efesios 5:6; Colosenses 2:4; 2 Tesalonicenses 2:3; Santiago 1:16, 22; 1 Juan 1:8).

La historia del engaño en la familia de Dios es tan larga como triste, empezando por el incidente del árbol en el Jardín del Edén. No importa cuán ortodoxos podamos ser, no importa cuán comprometidos estemos con la Palabra de Dios, no importa cuánto pensemos que no podemos ser vulnerables al engaño, la historia nos enseña que incluso hombres y mujeres fieles que han proclamado el nombre del todopoderoso Dios, se han vuelto susceptibles a las tácticas de engaño del enemigo. Para ilustrar los peligros me gustaría llevarte a un período en la historia de Israel en la que el engaño reinó abiertamente.

Una sutil intrusión

«Cuando Israel cayó en idolatría, no renunció abiertamente a la adoración del Dios de Abraham, Isaac y Jacob para inclinarse ante altares paganos».[1] Ellos no terminaron con el primero para acoger al segundo. En su lugar, una sutil intrusión en la adoración al todopoderoso Dios comenzó a erosionar el amor y con el tiempo la eficacia de su pueblo. La creciente política de Israel de «tolerancia» y «diversidad», dejó la puerta lo suficientemente abierta para que el engaño se deslizara sin aviso.

Cuando leemos acerca del comienzo del avivamiento que ocurrió bajo el mandato de Josías, nos damos cuenta de lo vil y pervertido que puede llegar a ser un sistema de adoración, incluso entre el pueblo de Dios.

En 2 Reyes 23:4, leemos que el rey Josías «ordenó al sumo sacerdote Jilquías, a los sacerdotes de segundo rango y a los porteros, que sacaran del templo del Señor todos los objetos consagrados a Baal».

Fueron hechos para *¿quién?*

¿Leímos esto correctamente? Sí, penosamente. ¡En el templo del Dios viviente había algunos artículos hechos para la despreciable deidad cananea, Baal! Y no solo para ese dios pagano, sino también para «Aserá y a todos los astros del cielo. Hizo que los quemaran en los campos de Cedrón, a las afueras de Jerusalén, y que llevaran las cenizas a Betel».

¡Piensa en esto! Cuando Josías, a la edad de ocho años, llegó a ser el rey de Judá, la adoración del todopoderoso Dios se había vuelto tan corrupta que hasta en el mismo templo la gente guardaba a sus ídolos de Baal y Asera. Eso sería como colocar un ídolo pagano frente a tu iglesia e invitar a la gente a venir y quemarle incienso durante la semana y los domingos. ¡Impensable! ¡Abominable! Sin embargo, así sucedió entre el pueblo de Dios en la antigua Judá.

A medida que continuaba el avivamiento, Josías «También destituyó a los sacerdotes idólatras que los reyes de Judá habían nombrado para quemar incienso en los altares paganos, tanto en las ciudades de Judá como en Jerusalén, los cuales quemaban incienso a Baal, al sol y a la luna, al zodíaco y a todos los astros del cielo» (2 Reyes 23:5).

Entiende, amigo. Este era el pueblo elegido de Dios, los hijos de Israel. Los que estaban llamados divinamente a adorar al Dios todopoderoso, pero cuando Josías llegó al trono, su adoración estaba tan deteriorada que habían fusionado la adoración a Jehová con la adoración a antiguos dioses-demonios cananeos. Y esto no mejora a medida que continuamos leyendo.

En los versículos 6 y 7 leemos: «El rey sacó del templo del Señor la imagen para el culto a Aserá y la llevó al arroyo de Cedrón, en las afueras de Jerusalén; allí la quemó hasta convertirla en cenizas, las cuales echó en la fosa común. Además, derrumbó en el templo del Señor los cuartos dedicados a la prostitución sagrada, donde las mujeres tejían mantos para la diosa Aserá». Josías también mató a aquellos que consultaban adivinos y hechiceros (ver v. 24).

Recuerda, ¡toda esta perversión estaba ocurriendo dentro de los límites de lo que hoy llamaríamos la iglesia de Dios!

Esto volvió a sucederle al pueblo de Dios casi unos cien años después de estos tristes sucesos, durante el ministerio de Ezequiel, el profeta. Un día, el Señor le dio a Ezequiel una visión en la cual lo transportaban milagrosamente desde Babilonia hasta la puerta interior de la entrada norte de Jerusalén. Allí el malvado rey Manasés colocó una imagen que confrontó al profeta. La Biblia la describe como la «imagen del celo»: «Y Dios me dijo: "Hijo de hombre, levanta la vista hacia el norte". Yo miré en esa dirección, y en la entrada misma, al norte de la puerta del altar, vi el ídolo que provoca los celos de Dios» (Ezequiel 8:5).

Esta vil imagen debía presentar a Aserá, la diosa madre de Asiria, y estaba precisamente allí en medio del pueblo de Dios, dentro de los confines del centro de adoración dedicado al Santo de Israel. De hecho, se habían colocado ídolos paganos para la adoración pública en dos lugares separados del templo de Dios.

¡Y eso no era lo peor de todo! Ezequiel nos narra que luego lo llevaron a la puerta del atrio: «Yo entré y a lo largo del muro vi pinturas de todo tipo: figuras de reptiles y de otros animales repugnantes, y de todos los malolientes ídolos de Israel» (v.10).

El pueblo del único Dios verdadero había pintado murales en las paredes del templo en honor a todas las bestias y dioses que adoraban sus vecinos cananitas. Y Ezequiel vio una imagen aun más asombrosa: mujeres judías sentadas llorando ante Tamuz, otro dios pagano. Ahora recuerda, esto no estaba sucediendo bajo alguna carpa, fuera en el desierto, sino *en los mismos límites del templo de Dios.*

¡Imagínate! En la ciudad santa de Dios, efectivamente, en su santo templo, su pueblo elegido postrándose ante las estatuas de los dioses falsos. A pocos pasos de su presencia, en el lugar santísimo, detrás del velo, los adoradores le estaban ofreciendo incienso a las imágenes de reptiles, implorándole al dios babilónico de la naturaleza y dándole la espalda al templo del Señor con el fin de adorar al sol hacia el oriente.

¿Qué pensaba Dios de todo esto? No tenemos que imaginarlo. En el versículo 18 él dice: «Por eso, voy a actuar con furor. No les tendré piedad ni compasión. Por más que me imploren a gritos, ¡no los escucharé!»

Las observaciones del comentarista Herbert Schlossberg, son apropiadas, tanto para la época de Ezequiel como para la nuestra. Él dice:

Al alejarse de Dios, la nación no había caído en la irreligión, sino que había combinado la religión del templo con las creencias y prácticas paganas de los pueblos vecinos. La adoración a Dios del Éxodo se profanó al unirla a la adoración de los ídolos dioses. Cuando el juicio vino a la nación, no llegó *(handwritten: the word of God)* porque le hubieran dado la espalda totalmente a Dios, sino porque los engañaron y creyeron que él compartiría su gloria con cualquier otro dios.[2]

Esta es la sutil naturaleza del engaño.

Sin embargo, la gente estaba advertida en contra de estos hechos. Cuando los israelitas estaban a punto de entrar a la tierra de Canaán, Dios, clara y severamente, les dijo que si no tenían cuidado a medida que ocuparan esta nueva tierra, tomarían la forma de un molde pagano, en lugar de ser una influencia redentora en el mundo, como él pretendía.[3]

El Señor tu Dios te hará entrar en la tierra que les juró a tus antepasados Abraham, Isaac y Jacob. Es una tierra con ciudades grandes y prósperas que tú no edificaste, con casas llenas de toda clase de bienes que tú no acumulaste, con cisternas que no cavaste, y con viñas y olivares que no plantaste. Cuando comas de ellas y te sacies, cuídate de no olvidarte del Señor, que te sacó de Egipto, la tierra donde viviste en esclavitud.

Teme al Señor tu Dios, sírvele solamente a él, y jura sólo en su nombre. No sigas a esos dioses de los pueblos que te rodean, pues el Señor tu Dios está contigo y es un Dios celoso; no vaya a ser que su ira se encienda contra ti y te borre de la faz de la tierra (Deuteronomio 6:10-15).

¿Se puede engañar al pueblo de Dios? Sí. ¿Es inmune a los engaños demoníacos que pueden alejar su corazón del único Dios verdadero? No. Esa es la razón por la cual debemos permanecer atentos. Esa es la razón por la que debemos estar en guardia: «Su enemigo el diablo ronda como león rugiente, buscando a quién devorar» (1 Pedro 5:8). Sucedió en el antiguo Israel y… no te engañes porque puede suceder en la iglesia contemporánea, esta es precisamente la razón por la cual Jesús nos advirtió.

Engaño en la Iglesia

Hasta el más optimista de los observadores, a medida que pasamos a la primera década del siglo XXI, expresa su preocupación acerca de la dirección espiritual de nuestra nación y del pueblo de Dios dentro de la nación. Los síntomas de decadencia se encuentran en incontables lugares… incluso donde no pensaríamos encontrarlos.

La iglesia actual, en nombre de la «tolerancia», cree que debe llamar a Dios, tanto «él» como «ella» y que debe describir a la madre de Jesús

Leo Sayer

como una «mujer joven», en lugar de la Virgen María. En nombre del cristianismo, grupos como _Jesus Seminar_ [Seminario de Jesús] atacan algunas de las más sagradas doctrinas de la fe. De acuerdo a los eruditos de _Jesus Seminar,_ Jesús nunca dijo ser el Mesías. Él no predijo el fin del mundo. Los cristianos crearon el Padrenuestro después de la muerte de Jesús y la mayoría de los Evangelios no nos dicen nada del verdadero Jesús.[4] Y así sigue y sigue. Poco a poco Satanás, seductoramente, siembra sus semillas demoníacas del engaño y la maldad.

Tú dirás: «Eso nunca sucederá en mi iglesia. No permitiremos que eso suceda». Mi amigo, el mismo pensamiento de que «eso nunca nos sucederá», es el primer paso hacia nuestra seducción. Necesitamos mantener nuestros ojos bien abiertos para ver los sucesos que se producen a nuestro alrededor. Me parece que todas las semanas recibo algo a través del correo o por medio del Internet que promete ayudar a la iglesia… pero eso contiene semillas de engaño satánico. No importa quién envíe el producto, he aprendido que no podemos suponer que esto esté bien.

Debemos permanecer atentos y evaluar cuidadosamente los nuevos materiales, para asegurarnos que estos no alejarán a la gente de las verdades esenciales de la Palabra de Dios. El engaño siempre ha sido el arma preferida de nuestro enemigo, y durante estos tiempos volátiles debemos pedirle a Dios que nos permita escuchar las advertencias de nuestro Señor para que no nos engañen.

Entonces, ¿qué podemos hacer? ¿Cómo podemos prepararnos para la batalla que se nos avecina? ¿Qué pasos podemos tomar para estar seguros de que evitaremos el «lazo del diablo», y que no seremos «cautivos, sumisos a su voluntad»? (2 Timoteo 2:26). Creo que debemos empezar por preparar nuestras mentes para la embestida que se nos aproxima.

Tres verdades esenciales

Para confrontar eficientemente estos tiempos tumultuosos, necesitamos recordar estas tres verdades cruciales. Cada uno de nosotros, los que nos llamamos cristianos y cada uno de nosotros que creemos en la Palabra de Dios, debemos pasar por la vida tomando en cuenta un trío de certezas bíblicas.

1. Satanás es la persona detrás de estos engaños

El engaño en contra del cual Jesús advertía y el engaño que vemos a nuestro alrededor no son meras casualidades. Hay «alguien» detrás de estos engaños, y ese alguien no es otro que Satanás, el malvado enemigo de nuestras almas. Él es el padre de las mentiras y desde el principio el engaño ha sido una de sus principales armas. En el jardín del Edén él se presentó ante Eva como la serpiente, como el sutil y labioso embustero.

Apocalipsis 12:9 habla de él como «la serpiente antigua que se llama Diablo y Satanás, y que engaña al mundo entero». Y Juan 8:44 nos dice que «no se mantiene en la verdad, porque no hay verdad en él. ... ¡Es el padre de la mentira!» No importa cómo se promocione Satanás a sí mismo, su principal arma es el engaño. Es un mentiroso. Es la serpiente. Es un embaucador. Pero se enmascara como otra cosa. Esta pretensión de ser algo que no es, es el corazón de su estrategia mortal.

Segunda de Corintios 11:13-14 dice: «Tales individuos son falsos apóstoles, obreros estafadores, que se disfrazan de apóstoles de Cristo. Y no es de extrañar, ya que Satanás mismo se disfraza de ángel de luz».

Por supuesto, no siempre es fácil identificar a Satanás. Él es un *buen* engañador y tiene mucha práctica. Pero si observamos con eficiencia las advertencias que Jesús nos dio en su sermón del Monte de los Olivos, debemos entender en primer lugar que el mismo Satanás, el enemigo de nuestras almas, está en el fondo de todo el engaño espiritual en el mundo. Mi amigo David Breese captura la sutileza de nuestro adversario:

> Hacemos bien en recordar que el más astuto de los mentirosos hace afirmaciones que suenan bastante cercanas a la verdad... El ser más sutil creado en el universo es Lucifer. El sistema satánico de doctrina es el paquete de mentiras más astutas que jamás haya producido. Con sus doctrinas, propone argumentos discretos ante hombres razonables, apelando a su alto grado de inteligencia y a su sensibilidad madura.[5]

Necesitamos entender que el demonio es la fuente de todas las mentiras, incluyendo aquellas que son bien conocidas en la actualidad.

2. Los principios del engaño no han cambiado

Satanás tiene una estrategia probada que ha usado desde el principio. Él no tiene una nueva jugada y no necesita una. Sin embargo, el hecho desafortunado es que la mayoría del pueblo de Dios nunca ha analizado su estrategia. Razón por la cual no reconocen el error cuando se les aproxima en cualquiera de las falsas doctrinas que hoy circulan rampantes.

Si queremos examinar la estrategia de Satanás, la mejor manera de hacerlo es regresar al lugar donde ocurrió por primera vez, en el tercer capítulo de Génesis. Veamos si podemos identificar el plan maestro de Satanás y cómo se aplica a lo que está sucediendo hoy en día.

Génesis 3:1 dice: «La serpiente era más astuta que todos los animales del campo que Dios el Señor había hecho, así que le preguntó a la mujer: "¿Es verdad que Dios les dijo que no comieran de ningún árbol del jardín?"»

Contradice la Palabra de Dios. La primera cosa que hizo Satanás al tentar a Eva fue contradecir la Palabra de Dios. De inmediato comenzó a diluir lo que Dios había dicho, a cambiarlo, solo un poco. Le sugirió a Eva que tal vez ella no había escuchado a Dios correctamente. De una manera sutil, contradijo furtivamente la Palabra de Dios.

Una de las maneras en la que esto ocurre en la actualidad es algo así: Tú tienes la clara y sencilla Palabra de Dios frente a ti y te dice que no debes hacer algo que en realidad te gustaría hacer. Lo siguiente que ocurre es que alguien se te acerca para darte una «interpretación alternativa» del texto que te permitirá hacer lo que tú sabes que Dios no quiere que hagas. Y es así como terminas diciendo: «No estoy seguro de entender lo que significa este pasaje».

Cuando mi hijo Daniel asistía a una universidad secular, me dijo que en una de sus clases un profesor cínico se pasó toda la clase diciéndoles a sus estudiantes que la Palabra de Dios en realidad no es inspirada y que por lo tanto no se debía aceptar tal cual es. Él insistía en que era un libro lleno de lineamientos generales, orientado a la vida en una cultura antigua que ya no existe. Aseguraba que la Biblia había perdido su significado porque los tiempos han cambiado y ya dejó de tener sentido alguno para los hombres y mujeres modernos.

La clase comenzó a discutir el tema de la sumisión. Las feministas en la clase se pusieron de pie y tomaron la posición de que la Palabra de Dios era anticuada. Daniel también se puso de pie para expresar su confianza en la Biblia, pero me dijo: «Papá, no podía gritar más alto que todos ellos. Ellos simplemente atacan la Palabra de Dios».

Por supuesto, su objetivo era mermar la autoridad de las Escrituras. Esa siempre ha sido la estrategia de Satanás, socavar la Palabra de Dios. En la actualidad él continúa diciendo, como se lo dijo a Eva: «Tú no comprendes. Esta prohibición sencillamente no puede ser real. Tú eres una mujer moderna e inteligente. ¿En realidad crees que un Dios amoroso diría tal cosa? ¿Verdad que no?»

La primera estrategia de Satanás es contradecir la Palabra de Dios, pero algunos que han estudiado este texto creen que su estrategia inicial era aun más siniestra. Que en realidad él estaba...

... haciendo la sugerencia equivalente a: «¿No está Dios diciendo que no puedes comer de cualquier fruto del jardín?»... ¡Qué estrategia tan astuta!... La implicación es que Dios llenó el jardín de una deliciosa selección de frutas para tentar al hombre, prohibiéndole comer cualquiera de estos frutos. Por lo tanto, Dios es un negativista que hizo al hombre únicamente para hacerlo sentir frustrado.[6]

Segundo, después que Satanás contradijo la Palabra de Dios, siguió con su ataque haciendo una mella adicional:

Negar la Palabra de Dios. «Pero la serpiente le dijo a la mujer: "¡No es cierto, no van a morir!"» (Génesis 3:4).

El camino de la duda a la negación es muy corto. Cuando Satanás dijo «no van a morir» (3:4), estableció una clara contradicción con lo que Dios había dicho: «Pero del árbol del conocimiento del bien y del mal no deberás comer. El día que de él comas, ciertamente morirás» (Génesis 2:17).

Es importante notar la secuencia de esto. La duda abre la puerta a la negación. Si al principio Eva no hubiera escuchado a Satanás, al final no habría sido una víctima.

Estoy aprendiendo que cada vez que intentes encontrar una interpretación de las Escrituras que te permita hacer algo que sabes que está mal, cada vez que le des un pedacito de terreno al demonio y pierdas algo del terreno de la Palabra de Dios, no va a pasar mucho tiempo antes de que Satanás conduzca un camión por esa puerta abierta y descargue un montón de apestosa basura en tu vida.

Pero él no ha terminado.

Sustituir la Palabra de Dios. Después de contradecir la Palabra de Dios y negarla, de inmediato comienza a sustituirla. Le dijo a Eva: «Dios sabe muy bien que, cuando coman de ese árbol, se les abrirán los ojos y llegarán a ser como Dios, conocedores del bien y del mal» (Génesis 3:5).

Satanás estaba poniendo en la mente de Eva el mismo pensamiento atrevido que en alguna ocasión entró a su mente, transformándolo de un querubín ungido a un demonio. Warren Wiersbe advierte que esta estrategia del enemigo continúa siendo exitosa a medida que nos encaminamos al futuro:

> La mentira de Satanás «llegará a ser como Dios», motiva y controla a gran parte de nuestra civilización actual. El hombre está buscando levantarse por sus propias fuerzas. Está trabajando para construir una utopía en la tierra.... A través de la educación, la psiquiatría, las religiones de una u otra clase y un mejor ambiente, los hombres están desafiando a Dios y endiosándose. Están haciendo exactamente lo que Satanás quiere.[7]

Esa es la estrategia maestra de Satanás. Primero contradice, luego niega y por último sustituye la Palabra de Dios. Una de las maneras más fáciles en las que vemos su plan trabajando en el mundo actual, es observar cómo nuestra cultura trata el pecado. Una «relación impropia», en la mente de muchas personas, es diferente al adulterio. Pero eso es simplemente un lenguaje engañoso. En la Palabra de Dios, el adulterio es adulterio. Pero si le permitimos a Satanás sembrar la duda en nuestras mentes respecto a que algún pecado que estamos contemplando después de todo no es pecado, hemos abierto nuestros corazones al engaño del demonio.

Poco a poco nuestra cultura está erosionando la idea de la verdad absoluta. De hecho, en la actualidad la mayoría de la gente ya no cree que exista siquiera algo como la verdad absoluta. Todo es relativo. Satanás ha sembrado la duda sobre la Palabra de Dios de una manera tan eficiente y constante que incluso entre las más grandes congregaciones la autoridad de la Biblia se ha erosionado al punto que ejerce de muy poco a ningún poder en la vida de los asistentes.

¿Por qué hemos permitido que esto suceda? ¿Por qué hemos permitido que Satanás diluya nuestro compromiso con la Palabra de Dios a tal punto que nos escuchemos haciendo afirmaciones sobre lo que está pasando en la vida actual, afirmaciones que eran inimaginables hace solo diez años? Ese es el plan maestro de Satanás y funciona... mientras nosotros se lo permitamos.

Y esa es la clave. No debemos permitir que Satanás tenga control de nuestras vidas. La promesa del apóstol Pablo hecha a los cristianos de Corinto todavía es válida para los creyentes del siglo XXI: «Ustedes no han sufrido ninguna tentación que no sea común al género humano. Pero Dios es fiel, y no permitirá que ustedes sean tentados más allá de lo que puedan aguantar. Más bien, cuando llegue la tentación, él les dará también una salida a fin de que puedan resistir» (1 Corintios 10:13).

Entonces, ¿por qué permitimos que la estrategia maestra de Satanás nos atrape? Observa cuidadosamente lo que hizo Eva y veremos cómo caemos en la misma trampa. Jesús nos dijo: «Tengan cuidado de que nadie los engañe» y esta es la manera en que hemos permitido que nos engañen.

Primero, *descartamos la benevolencia de Dios*. Génesis 2:16 nos dice: «Y [el Señor] les dio este mandato: "Puedes comer de todos los árboles del jardín"». Pero nota cómo Eva cita esa afirmación en Génesis 3:2: «Podemos comer del fruto de todos los árboles». En otras palabras, su comprensión de la provisión de Dios no era tan magnánima como Dios pretendía que fuese. Satanás había llegado hasta ella con su malvada implicación sobre Dios.

Mira, cuando tú comienzas a cuestionar o te olvidas de la gracia y benevolencia de Dios, comienzas a deambular por el camino hacia el engaño satánico. Pregúntate: *¿Es bueno Dios? ¿Ha sido bueno con nosotros? ¿Acaso su Palabra no ilumina el sendero delante de nosotros? ¿Son su gracia y provisión suficientes para todas nuestras necesidades? De hecho, ¿no ha llenado él nuestra copa hasta rebosar?*

Pero Satanás se presenta y dice: «Sí, yo me imagino que sí. Pero si no estuvieras atrapado en ese estilo de vida, podrías hacer esto, aquello y lo de más allá. En realidad Dios no está cuidándote; ¿no es eso obvio? ¿Cómo podría él desear que estés solo —*otra vez*— esta noche?» Y sin darte cuenta él ya ha sembrado sus semillas de engaño en tu corazón.

Segundo, Eva no solo descartó la benevolencia de Dios; ella *exageró las restricciones de Dios*. En ninguna parte encontramos que Dios le dijera a ella o a Adán que no «tocaran» el árbol prohibido. Pero Eva le dijo a la serpiente: «Podemos comer del fruto de todos los árboles —respondió la mujer—. Pero, en cuanto al fruto del árbol que está en medio del jardín, Dios nos ha dicho: "No coman de ese árbol, ni lo toquen; de lo contrario, morirán"» (Génesis 3:2-3).

Pero Dios nunca dijo eso. Él no mencionó la palabra «tocar».

¿Qué diferencia hace eso? Buena pregunta. Creo que la respuesta es que cuando tú le das cabida a Satanás en tu vida, pronto estarás pensando menos en la gracia de Dios y más en la ley de Dios. Y la siguiente cosa que sucederá es que comenzarás a pensar que realmente Dios no se preocupa por ti. Tal vez tu bienestar no le interesa en lo absoluto.

Así es como el engaño se mete en nuestras vidas. Desde que soy pastor veo este proceso demoníaco casi todas las semanas entre jóvenes, adultos, cristianos nuevos e individuos que han estado asistiendo a la iglesia durante años. Entre ricos y pobres, los muy educados y los que han abandonado la escuela. Pastores, diáconos y miembros del consejo que comienzan a argumentar sobre la gracia de Dios, divagan sobre si este tiempo es en verdad el mismo que aquel en el que la Palabra de Dios se escribió y... ¿no debería permitírseles un poco más de libertad en la cultura actual?

Eva descartó la benevolencia de Dios, exageró las restricciones de Dios y, finalmente, *minimizó el castigo de Dios*. Ella dijo: «morirán». Pero eso no fue lo que Dios dijo. En Génesis 2:17 el Señor declaró: «ciertamente morirás». Eva dejó de lado la parte de «ciertamente» y la cambió por un sencillo «de lo contrario, morirán».

Puesto de esta forma, el castigo por la desobediencia no parece tan determinante. Y una vez que miras la Palabra de Dios de esta forma, quedas ampliamente abierto para el engaño de Satanás.

Lo mismo ocurre en la actualidad. Satanás se presenta a nuestros jóvenes y les susurra seductoramente: «Tú sabes que tienes todos estos instintos dentro de ti. Dios los puso ahí. Seguramente él no intentó que tú te sintieras frustrado todo el tiempo. Al fin y al cabo todo el mundo lo está haciendo. Vivimos en un ambiente sexualmente libre, y sí, yo sé que eres cristiano, pero ¡vamos! También eres humano. Dios espera que seas feliz».

Y de pronto el joven o la joven cristiana se encuentra en una situación comprometedora, con una carga de arrepentimiento que lo presiona con todo el peso del mundo. Este joven daría cualquier cosa por volver atrás y revertir lo que con engaños Satanás le indujo a hacer. Pero es demasiado tarde.

Escucha, ¡el demonio no desea ayudar a nadie! Él quiere destruir, no construir. Quiere esclavizar y no liberar. Recuerda, él «ronda como león rugiente, buscando a quién devorar». Por supuesto, él nunca hace esto de una manera obvia o repulsiva. Lo hace usando ardides, sembrando pequeñas semillas de duda sobre la Palabra de Dios. Como observa David Breese:

Satanás se mueve en las vidas de las personas de un grado menor hacia uno mayor. Comienza su asalto estableciendo un pequeño puesto de avanzada y luego se mueve desde este punto de falla moral hacia un programa de conquista mayor. Por último pretende consumirnos, pero este proceso para devorarnos empieza con un ínfimo mordisco. Él oculta sus objetivos, simulando que está entregado a nuestra felicidad.[8]

Mientras esperamos el regreso de Cristo, esta es la cosa más crítica que nosotros, como el pueblo de Dios, necesitamos comprender. Satanás ha comenzado su arremetida de engaños solapados bajo muchas formas y si no estamos conscientes de esto, nos convertiremos en sus víctimas.

3. El poder sobre el engaño es Jesucristo

En medio de los engaños de Satanás se yergue Jesucristo, la personificación de la verdad. Nuestro Señor dijo de sí mismo: «Yo soy el camino, la verdad y la vida … Nadie llega al Padre sino por mí» (Juan 14:6). Cuán importante es para los creyentes entender que Jesucristo es el campeón de la verdad. Cuando le seguimos, caminamos en la verdad y los muchos falsos profetas que han salido por el mundo no nos engañan (1 Juan 4:1). «Nosotros somos de Dios, y todo el que conoce a Dios nos escucha; pero el que no es de Dios no nos escucha. Así distinguimos entre el Espíritu de la verdad y el espíritu del engaño» (1 Juan 4:6).

Si nos quedamos con la verdad, Satanás no puede entrar. Si saturamos nuestras mentes y corazones con la verdad de Dios y vivimos en la verdad, seremos liberados y el engaño no podrá maltratarnos. Pero si jugamos con las engañosas palabras de Satanás y le damos cabida al engaño en nuestros corazones, abrimos la puerta a Satanás para causar desastres en nuestras vidas y en las vidas de nuestras familias. Cada familia arruinada que conozco empezó con una engañosa mentira de Satanás que le susurró al oído de un hombre o de una mujer «todo está perfecto si te sientes bien al respecto y no crees que nadie más va a enterarse de esto».

Cada vez que el pueblo de Dios sufre destrucción es porque al embustero se le permitió un pequeño punto de apoyo en la puerta. Mi amigo, ¡sé implacable contra eso! Cuando veas ese pie entrando por el umbral de la puerta, trátalo sin misericordia alguna. ¿Cuán inmisericordes debemos ser? La Biblia dice que debemos «crucificarlo». ¡La crucifixión duele! Es un asunto agonizante y sangriento. Pero también es permanente. Y esa es la clase de respuesta que debemos dar cada vez que vemos el pie del demonio acercándose al marco de la puerta. Crucifica esos impulsos sin ninguna misericordia y no permitas al enemigo ni la más mínima ventaja en tu vida.

Brillar como estrellas

¿Qué utilidad tiene el estudio de la profecía? ¿Por qué debes escuchar a Jesucristo en lo que se refiere al futuro? Por un lado, evitará que tropieces con el engaño del enemigo y que caigas en sus mortales trampas.

Todo lo que hemos visto en este capítulo es una verdad profética. Aquel que inició este engaño en el jardín, continuó su embuste en la tierra de Israel y ha permanecido ocupado a lo largo de los días de la iglesia. Jesús nos dice que al final de esta era a Satanás se le dará rienda suelta durante un corto tiempo, ayudado por un brillante y malvado hombre que la Biblia llama «el hombre del pecado» o «el Anticristo».

El Anticristo será la personificación de todo lo que Satanás siempre deseó en esta vida. Él será el engañador de todos los embusteros humanos y la Biblia dice que su engaño será tan poderoso que, si fuera posible, hasta engañaría a los elegidos.

Hacia allá es a donde este largo camino de engaño satánico se dirige, y ahora estamos entrando a ese amplio camino. A medida que nos aproximamos al tiempo en que regrese el Señor Jesús, veremos este engaño cada vez más. 1 Timoteo 4:1 nos dice directamente que este engaño crecerá: «El Espíritu dice claramente que, en los últimos tiempos, algunos abandonarán la fe para seguir a inspiraciones engañosas y doctrinas diabólicas».

Creo que estamos viviendo al borde de los últimos tiempos. Ya el espíritu de engaño está rampante entre nosotros. Pero no olvidemos que en medio del problema ¡está Jesús! En medio del engaño está la eterna, siempre viva y victoriosa Verdad. En medio de la gran seducción de nuestros tiempos está, absoluta y sólida como la roca, la persona del Señor Jesucristo, aquel que es el Camino, la Verdad y la Vida.

Cuando pones toda tu confianza en él, cuando haces de su Palabra tu libro de consulta, puedes vivir más allá del engaño. Puedes vivir a la altura de la verdad y Dios te honrará. Tú puedes ser una luz que brilla en medio de la creciente oscuridad de esta época.

De hecho, tienes que tomar una decisión. Dios dice que tú puedes ser una de las dos clases de estrellas. Puedes ser como aquella descrita en el libro de Judas: «Son estrellas fugaces, para quienes está reservada eternamente la más densa oscuridad» (Judas 1:13); o puedes elegir un futuro considerablemente más brillante y convertirte en la clase de estrella que Pablo describe en Filipenses 2:15-16: «para que sean intachables y puros, hijos de Dios sin culpa en medio de una generación torcida y depravada. En ella ustedes brillan como estrellas en el firmamento, manteniendo en alto la palabra de vida».

Aunque no sepas mucho sobre profecías, esta opción no requiere de mayor reflexión. No necesito una computadora para que me ayude, ni un Telesketch.

Yo voy a afianzar mi futuro sobre la Palabra de Vida.

Tres

NO TE DEJES ANGUSTIAR

Hay días en los que el temor se apodera de los titulares. Incluso, sentado en la sala de espera de un dentista no es fácil evitar un periódico o artículo de revista con un informe de los grandes y desalentadores desafíos que enfrenta nuestro mundo a medida que rota en su travesía a través del tiempo y el espacio hacia un futuro incierto.

¿Una fusión de un reactor nuclear?

¿Un desastre en el conflicto del Medio Oriente?  Iraq = Ngmare misele

¿Una recesión mundial?

¿Una pérdida de la soberanía nacional ante las agencias globales?

¿Una súper cepa de virus asesinos resistentes a todo antibiótico conocido?

¿Cómo respondemos ante tal descarga de artículos y predicciones negativos y atemorizantes? En realidad, podríamos tomar uno de los siguientes enfoques.

Hay un proverbial enfoque avestruz: podríamos meter nuestras cabezas en la arena e ignorarlo todo. A algunas personas les encanta vivir en la ignorancia. Conocen poco de los problemas que nuestra nación y el mundo enfrentan, y en realidad *no desean* ningún conocimiento. Prefieren la falsa seguridad de los tapones de oídos y de las anteojeras. Dicen así: «Nada me puede angustiar ni nada me puede lastimar porque no presto atención a las cosas perturbadoras».

Entonces viene el enfoque «¿y qué?» Con un rápido y nada comprometedor encoger de hombros, decimos: «Ah, supongo que nos arreglaremos de alguna forma, como siempre lo hemos hecho. De cualquier manera, ¿qué puedo hacer al respecto? Siempre y cuando mis inversiones estén bien, mi antena parabólica capte doscientos canales y yo sea capaz de pagar las cuotas de mi automóvil, estaré bien». Estas personas van por la vida entonando ese viejo éxito de los años cincuenta «*Qué será, será, whatever will be, will be*».

Sin embargo, otros rechazan estos dos enfoques, reconociendo que realmente debemos pensar con seriedad acerca de los cruciales temas que está enfrentando nuestra cultura en la actualidad, ya sea que lo deseemos o no. ¿Qué clase de temas? En el informe más reciente del Centro Nacional para Víctimas del Crimen, las siguientes estadísticas nos brindan la respuesta:

En 1997 había un crimen violento cada 19 segundos... El número de víctimas infantiles aumentó en un 118% (1996)... Hubo un total de 307.000 intentos o perpetración completa de violaciones y asaltos sexuales, 1.134.000 intentos o perpetración completa de robos, 7.683.000 intentos o perpetración completa de asaltos y 27,3 millones de crímenes en contra de la propiedad... Los casos de fraudes se estiman en una pérdida monetaria de 40 mil millones anuales en víctimas de fraude personal que involucra engaño y abuso de confianza para obtener ganancias financieras... La violencia doméstica mata 58.000 personas cada cinco años, la misma cantidad de perdidos en la Guerra de Vietnam.[1]

Añade a estas nefastas estadísticas la cruel y asesina forma en que manejamos el asunto de los infantes no nacidos, y podrás ver con facilidad que EE.UU. tiene problemas agudos. Hay grietas profundas en los cimientos de esta cultura.

Al contemplar estas situaciones, es posible vernos tentados al fatalismo. Podríamos dejar caer nuestras manos y decir: «¿Qué más da? Estamos cayendo vertiginosamente hacia el Hades. Somos Sodoma y Gomorra camino al infierno. Mudémonos a alguna cueva en las montañas de Ozarks y esperemos el fin».

¿Qué es lo que en realidad tú y yo necesitamos en estos tiempos conflictivos? No necesitamos un refugio en las lomas. No necesitamos una puerta de emergencia para escapar. No necesitamos más entretenimientos que entorpezcan nuestros sentidos y disipen nuestra energía. No necesitamos que la ansiedad acumulada y el terror nos lleven a sufrir un ataque al corazón o a padecer una úlcera.

Lo que necesitamos es tener una perspectiva. Y aunque este artículo tal vez esté escaso en nuestro tirante mundo, es la esencia de la Palabra de Dios. La perspectiva fluye de las páginas de las Escrituras al igual que el agua brota de un pozo artesiano. Cuando nuestro Señor caminó en esta tierra y enseñó en las calles y en las sinagogas, en los montes y en los valles de Palestina, sus palabras estuvieron colmadas de perspectiva. Nadie habló como este Hombre. Tenía la capacidad de asombrar continuamente, incluso a aquellos muy cercanos a él, eso fue precisamente lo que sucedió cuando sus discípulos se le acercaron con tres perturbadoras preguntas sobre el futuro.

Una profecía

¿Tienes un lugar favorito cerca a tu hogar donde puedas ver las áreas que te rodean? Tal vez una colina que se eleve sobre tu pueblo o algún mirador donde puedas echar un vistazo a la distancia alrededor del campo. Si vives en un estado con praderas como el de Kansas, es probable que recuerdes la ocasión en que visitaste Colorado y miraste hacia atrás desde algún punto privilegiado en las faldas de las Montañas Rocosas y observaste una amplia panorámica de las Grandes Llanuras extendiéndose en el horizonte. ¡Es eso o escalar una torre de agua!

¿Te imaginas recorrer un trayecto como ese con el Señor Jesucristo? ¿Te imaginas encontrar un lugar con césped y sentarte con él bajo la tenue luz de una tarde otoñal? ¿Qué clase de preguntas le harías si estuvieras en libertad de preguntarle cualquier cosa? Yo creo que a mí me gustaría preguntarle sobre el futuro. Miraría ese horizonte brumoso y distante y le preguntaría qué yace en las semanas y meses venideros.

Eso es exactamente lo que hicieron sus discípulos cuando se sentaron juntos en la ladera del Monte de los Olivos. Estos hombres, a lo largo de toda esa colina, habían estado tratando de descifrar una observación que Jesús hizo cuando dejaron el templo en la ciudad.

> Jesús salió del templo y, mientras caminaba, se le acercaron sus discípulos y le mostraron los edificios del templo.
>
> Pero él les dijo:
>
> —¿Ven todo esto? Les aseguro que no quedará piedra sobre piedra, pues todo será derribado.

Más tarde estaba Jesús sentado en el monte de los Olivos, cuando llegaron los discípulos y le preguntaron en privado:

—¿Cuándo sucederá eso, y cuál será la señal de tu venida y del fin del mundo?

—Tengan cuidado de que nadie los engañe —les advirtió Jesús—. Vendrán muchos que, usando mi nombre, dirán: "Yo soy el Cristo", y engañarán a muchos. Ustedes oirán de guerras y de rumores de guerras, pero procuren no alarmarse. Es necesario que eso suceda, pero no será todavía el fin. (Mateo 24:1-6).

Cuando los discípulos escucharon las enseñanzas de Jesús referentes al templo, supusieron que Jesús estaba hablando del final de los tiempos. Como muchos judíos de la era, ellos estaban anticipando y anhelando un Mesías que trajera liderazgo político en lugar de espiritual. Deseaban que Cristo estableciera su trono y su reino y, en lo que a ellos se refería, nada era lo suficientemente rápido. Más que nada deseaban sacar a los romanos gentiles de su nación y de la ciudad santa.

La primera pregunta de los discípulos fue: *¿Cuándo?* «¿Cuándo sucederá eso?» El meticuloso doctor Lucas capturó la respuesta del Señor en gran detalle en Lucas 21. Jesús dio información específica a los discípulos y también algunas cosas concretas por las cuales esperar en los días venideros. La segunda pregunta fue: *¿Cuál?* «¿Cuál será la señal de tu venida?» Y la tercera pregunta fue otro: *¿Cuál?* «¿Cuál será la señal ... del fin del mundo?»

En Mateo 24, Jesús se toma un tiempo para responder estas preguntas en detalle. Cuando revela estas verdades, da a sus discípulos tres cosas por las cuales esperar, tres señales de su inminente regreso.

Ahora tienes que entender que Mateo 24 se enfoca básicamente en lo que nosotros conocemos como la Segunda Venida, ese momento culminante cuando el Hijo de Dios regresará a la tierra con poder y gran gloria para juzgar a las naciones. Ese evento ocurrirá después del rapto de la iglesia, luego que la tierra haya pasado por la Gran Tribulación. Aunque en este pasaje Jesús no habla directamente del rapto, sus palabras reducen la niebla que rodea los eventos grandes y trascendentales. Él nos muestra exactamente cómo las circunstancias del mundo comenzarán a tomar forma cuando se acerque el tiempo de su venida. Y la primera señal que menciona es una que notamos en el capítulo anterior.

1. Señal del engaño

Jesús advirtió acerca de un gran incremento en el engaño. Él urgió a su pueblo a no ser influenciado o seducido por falsos mesías y anticristos.

El espíritu del anticristo atraviesa rampante nuestro mundo. Satanás nunca parece quedarse sin falsificaciones; las bodegas del infierno están repletas de estantes de dichas falsificaciones. Por dondequiera que vas, escuchas y lees proclamaciones descabelladas de la gente sobre el futuro. A principios de 1999, por ejemplo, los titulares de los periódicos hablaban acerca de una secta de las «postrimerías» que partieron de Denver y que los agentes de seguridad israelitas acorralaron y enviaron de regreso a casa. De acuerdo a Israel, el grupo estaba tramando una sangrienta violencia a medida que se acercaba el milenio. ¿Por qué razón? Para apresurar el Apocalipsis y la Segunda Venida de Jesús.

¡Como si el cielo necesitara ayuda para ponerle fin a esta era!

Jesús advirtió que a medida que nos acerquemos al final de los tiempos, se multiplicarán engaños como estos. Al mismo tiempo les recordó a sus discípulos que las disputas entre las naciones sufrirían una escalada dramática.

2. Señal de las disputas entre las naciones

Jesús advirtió a sus discípulos que ellos escucharían de guerras y rumores de guerras. Él explicó que una nación se levantaría contra otra y que un reino se levantaría contra otro reino. Jesús dijo que debíamos entender la escalada de guerras y discordias entre grupos de personas como una clara señal de su próximo regreso a la tierra.

Mientras escribo esto, aunque hay conflictos ardiendo y retumbando alrededor del mundo, nuestra nación vive un tiempo de relativa paz. La mayor parte de nosotros nos encontramos esperando que «nadie se vuelva negligente», pero no podemos eludir el hecho bíblico de que las guerras y las disputas entre naciones escalarán a medida que el mundo se acerque al juicio.

3. Señal de devastación

Cristo advirtió que en varios lugares habría hambruna, peste y terremotos. En la actualidad no podemos encender la televisión sin ver a alguien tratando de recaudar fondos para alimentar a los hambrientos. Esta noche, desplazados por la guerra y el clima, millones de personas a través del mundo irán hambrientos a la cama. Y Jesús declaró que estas trágicas condiciones aumentarían continuamente a medida que nos acerquemos al final de los tiempos.

¿Y los terremotos? Las personas del sur de California a menudo piensan en esto. En el siglo X, hubo treinta y dos terremotos en el mundo. En el siglo XV, ciento cuarenta y siete. En el siglo XVII, hubo trescientos setenta y ocho. Pero en el siglo XIX, la tierra sufrió dos mil ciento diecinueve terremotos. Ha habido un drástico incremento, tanto en la intensidad como en la frecuencia. En el siglo XX ocurrieron diez de los trece terremotos más devastadores en la historia. De los sesenta y ocho terremotos más grandes registrados en la historia, cuarenta y seis han ocurrido en nuestro siglo.[2] Sin embargo, cuando Jesús habló de devastación, él estaba pensando en algo más que los terremotos. Por todo el globo circulan plagas como el SIDA y otros nuevos virus mortales. Desde que empezó la epidemia en los Estados Unidos han muerto 350 mil personas. Cada año se infectan 40 mil personas. Y se cree que de 650 mil a 900 mil personas están infectadas con VIH.[3] Todas estas son señales de que se acerca el tiempo del regreso de Cristo.

¿Pero qué tiene que decir el Señor Jesús sobre todo esto? ¿Cuál es su comentario en referencia a los preocupantes titulares de la actualidad? «Ustedes oirán de guerras y de rumores de guerras, pero procuren no alarmarse. Es necesario que eso suceda, pero no será todavía el fin» (Mateo 24:6).

¿Qué? ¿Que no se alarmen? ¿Estás bromeando? ¿Qué quieres decir, Señor? ¿Cómo podemos evitar alarmarnos y turbarnos con todo el terror y la devastación que visita nuestro planeta?

Escucha esto nuevamente: «—Tengan cuidado de que nadie los engañe —les advirtió Jesús— … Ustedes oirán de guerras y de rumores de guerras, pero procuren no alarmarse». ¿Por qué? «Es necesario que eso suceda, pero no será todavía el fin» (Mateo 24:4-6).

Jesús les estaba diciendo a sus discípulos que estos estruendos y temblores señalan el principio del fin. El fin todavía no llega, pero está a la vista. Día a día se acerca más.

¿Alguna vez has manejado por un desfiladero montañoso y notado esas grandes señales de advertencia para los camiones? Una enorme señal amarilla y brillante dice: *Primera advertencia. Más adelante pendiente al 6%.* Eso es bastante empinado, especialmente para un camión de dieciocho llantas. Esa señal sería suficiente para que la mayoría de los camioneros se sintieran un poco más erguidos dentro de su cabina. Vas un poco más allá y otra señal repite el mensaje: *Segunda advertencia. Más adelante pendiente al 6%. Camiones, revisen frenos.* Poco tiempo después, ves una señal que dice: *5 millas más adelante rampa para camiones fuera de control.*

Todavía no has empezado a bajar, todavía el terreno está nivelado, pero ya has encontrado advertencia tras advertencia de que el camino que está más adelante, desciende bruscamente. Los camioneros con cargas demasiado pesadas o frenos defectuosos, estarán en grave peligro si ignoran estas señales y rugen cuesta abajo por la carretera. Una vez que hayan cruzado la cresta, es probable que no puedan regresar.

Ese es el propósito de estas advertencias de nuestro Señor. Nos dicen: «Por ahora las cosas parecen libres de baches, pero, ¡cuidado! Te estás acercando al borde. Te estás acercando a una sección de la carretera radicalmente diferente a la que estás transitando ahora».

Aquellos de nosotros que hemos colocado nuestra confianza en Jesucristo como Salvador y Señor, sabemos que antes de que todas estas cosas exploten, él nos sacará de este mundo para estar con él. La Palabra de Dios nos dice que aquellos que le pertenecen nunca verán devastaciones ni el dolor en su máxima expresión.

Una parábola

Los grandes eventos futuros proyectan grandes sombras.

Estos catastróficos acontecimientos del final de los tiempos no sucederán en un solo día. Con el pasar de los meses y los años se desarrollará un camino gradual a estos episodios finales. Creo que en este preciso momento estamos en medio de esta fase.

Jesús narró una parábola para ayudar a sus discípulos a comprender este proceso: «De la higuera aprended la parábola: Cuando ya su rama está tierna, y brotan las hojas, sabéis que el verano está cerca. Así también vosotros, cuando veáis todas estas cosas, conoced que está cerca, a las puertas» (Mateo 24:32-33).

Cuando los discípulos le preguntaron a Jesús sobre su regreso, él les dio algunos detalles y luego les narró esta pequeña parábola para ayudarles a entender cómo encajan todas las piezas. Nuestro Señor era el mejor narrador de historias de su tiempo, por lo tanto, no debe sorprendernos que él usara una vívida caracterización verbal para dejar claro su punto.

Jesús nos motiva a aprender del árbol de la higuera. Cuando sus ramas están tiernas y de ellas brotan hojas, sabemos que el verano está en camino. Si el Señor hubiera escogido vivir en otra parte del mundo, es probable que dijera: «Cuando veas pequeñas flores abriéndose camino por entre la nieve, sabrás que la primavera está a la vuelta de la esquina». La caracterización verbal del Señor sirve como una ventana que nos permite echar un vistazo a la verdad. Nos ayuda a comprender que cuando surgen ciertas señales frente a nuestros ojos, podemos asentir y decir: «Sí, esto es precisamente lo que dijo el Señor que sucedería. El tiempo de su venida debe estar muy cerca».

Él nos dice que observemos esas señales de advertencia color amarillo. El camino cambiará más adelante y no hay razón para que nos sorprenda. Es tiempo de despertar y comprender que las cosas no van a continuar siendo como siempre han sido. La cosecha aún no está aquí… pero está un día más cerca que nunca antes.

Es probable que el Señor estuviera caminando junto a un árbol de higos cuando señaló sus ramas, usando el árbol como una ilustración de su venida. El apóstol Pablo empleó una caracterización incluso más gráfica, una que probablemente tenga especial significado para muchas mujeres lectoras de este libro.

El incisivo apóstol usó la ilustración con un grupo de creyentes en Tesalónica: «Cuando estén diciendo: «Paz y seguridad», vendrá de improviso sobre ellos la destrucción, como le llegan a la mujer encinta los dolores de parto. De ninguna manera podrán escapar» (1 Tesalonicenses 5:3).

Pablo nos dice que las señales fundamentales de la venida del Señor son como los dolores de parto. Al principio, los dolores no son tan intensos. Se me ha dicho que estas contracciones iniciales son más incómodas que dolorosas. Una mujer podría sentir una punzada y luego no sentir otra durante aproximadamente veinte minutos o más. Pero a medida que el nacimiento se acerca (como algunas de ustedes probablemente pueden atestiguar), el dolor empieza a ser un poco más intenso y el tiempo entre un dolor y otro es más corto. Y cuando alcanzas un estado en el cual el dolor es muy intenso y tienen una frecuencia muy regular, sabes que es mejor dirigirse a un hospital o darás a luz en el asiento trasero del auto.

El dolor crece.

La intensidad crece.

La frecuencia crece.

Y entonces… la vida cambia.

Así, creo yo, es como debemos ver las señales de la Segunda Venida. A medida que vemos esas manifestaciones volverse más agudas y más incesantes, debemos comprender que nuestra redención está próxima.

Una ilustración

En 2 Tesalonicenses, capítulo 2, el apóstol Pablo añade una maravillosa ilustración para que comprendamos mejor estos eventos. Cada una de las cartas del Nuevo Testamento, ya sean escritas por Pedro o Pablo, Juan o Judas, explica y amplifica las enseñanzas de nuestro Señor en los Evangelios. Y en esta segunda carta a los Tesalonicenses, Pablo esboza una contundente pequeña miniatura, que nos ayuda a comprender cómo reaccionar ante todas las malas noticias de nuestro tiempo.

A medida que leo las palabras de Pablo, me siento intrigado por encontrarme una vez más con la palabrita *alarmarse*.

Ahora bien, hermanos, en cuanto a la venida de nuestro Señor Jesucristo y a nuestra reunión con él, les pedimos que no pierdan la cabeza ni se alarmen por ciertas profecías, ni por mensajes orales o escritos supuestamente nuestros, que digan: «¡Ya llegó el día del Señor!» No se dejen engañar de ninguna manera, porque primero tiene que llegar la rebelión contra Dios y manifestarse el hombre de maldad, el destructor por naturaleza (2 Tesalonicenses 2:1-3).

Ese consejo suena familiar, ¿verdad? ¡No pierdan la cabeza! ¡No se alarmen! ¡Mantengan todo en perspectiva! Después, Pablo les advierte a los tesalonicenses en cuanto a las falsas enseñanzas que aparentemente hicieron temblar su equilibrio y dispararon sus temores. Al parecer, a ellos se les estaba diciendo que ya había llegado el Día del Señor o la Tribulación. ¡Con razón estaban alarmados!

¿Alguna vez has tenido una semana tan mala que pensaste que la Tribulación ya había llegado? Este pequeño grupo de creyentes había soportado, semana tras semana y mes tras mes, presión, persecución y ansiedad debido a su fe en Cristo. Y entonces, como si no tuvieran suficientes problemas, alguien se presentó con un seminario, un libro tamaño bolsillo y una videocinta, diciéndoles que el fin ya estaba sobre ellos. El engañoso mensaje se dio de la siguiente manera: «Yo sé que ustedes escucharon que la Tribulación sucedería en el futuro, pero no es en el futuro, es ahora».

Algunos de estos falsos maestros llegaron tan lejos que hasta firmaron con el nombre de Pablo al final de sus cartas. Afirmaron hablar en nombre y por la autoridad del apóstol. ¡Cuán estresantes deben haber sido estas falsificaciones y engaños para este piadoso pastor y misionero! (Si alguna vez un enemigo te representó mal, sabes cuán profundo puede ser ese dolor.) Pablo, con gran urgencia, escribió a los creyentes, urgiéndoles a rechazar esas enseñanzas mentirosas. De hecho, cuando llegas al final de esta carta en 2 Tesalonicenses 3:17 el apóstol deliberadamente escribe estas palabras finales: «Yo, Pablo, escribo este saludo de mi puño y letra. Ésta es la señal distintiva de todas mis cartas; así escribo yo».

En otras palabras: «Esta es mi carta y esta es mi firma. Cualquier carta reciente que ustedes crean haber recibido de mí diciendo que la Tribulación ha llegado ya, es un engaño y una falsificación. ¡No se dejen engañar!»

En su primera carta a los Tesalonicenses, Pablo ya les había enseñado a estos creyentes que la Tribulación era en el futuro y que ellos escaparían de esta. Escucha la seguridad que proclaman estas palabras de su primera carta:

> Ellos mismos cuentan de lo bien que ustedes nos recibieron, y de cómo se convirtieron a Dios dejando los ídolos para servir al Dios vivo y verdadero, y esperar del cielo a Jesús, su Hijo a quien resucitó, *que nos libra del castigo venidero* (1 Tesalonicenses 1:9-10, énfasis del autor).

Se enseñó claramente a los tesalonicenses que Jesús regresaría y los liberaría de la ira del final de los tiempos. Pero alguien les había dado un mensaje, diciendo: «Eso es totalmente erróneo. La tribulación ya está aquí y ustedes están en medio de ella».

A propósito, en estos tiempos hay muchas personas enviando mensajes así. Casi todas las semanas yo los recibo en mi buzón de correo. Algunos son tan vociferantes que se abren paso para desacreditar a todo maestro bíblico que enseñe otra cosa. Ustedes no creerían cuán viciosas pueden ser sus afirmaciones y acusaciones.

Más adelante, en 1 Tesalonicenses 5:9 (RVR 60), volvemos a tener la misma verdad: «Porque no nos ha puesto Dios para ira, sino para alcanzar salvación por medio de nuestro Señor Jesucristo». Hay personas que siempre me han dicho que esta «ira» no tiene nada que ver con la Tribulación. Si tú crees eso, ¡es porque no has leído el libro de Apocalipsis! Debes leer los capítulos del 5 al 19, donde Juan específicamente habla respecto a la ira de Dios sobre esta tierra.

La Biblia enseña que si somos salvos y confiamos en Cristo, ya no estamos bajo el juicio de Dios. «Por lo tanto, si alguno está en Cristo, es una nueva creación. ¡Lo viejo ha pasado, ha llegado ya lo nuevo!»; «Por lo tanto, ya no hay ninguna condenación para los que están unidos a Cristo Jesús» (2 Corintios 5:17; Romanos 8:1).

Algunos dicen que la «condenación» de Romanos 8:1, solo se aplica al pecado. Pero eso no es lo que el versículo establece. Éste dice: «*ninguna* condenación». Dios no juzgará a su pueblo, porque envió a su Hijo con el fin de salvarlo. La ardiente furia ya se derramó sobre Jesucristo en la cruz y el juicio fue total y completo. Como pueblo suyo, él no nos juzgará nuevamente. El novio no permitirá que su novia sufra la ira que ya él soportó en lugar de ella. Al contrario, él nos llevará a la gloria para estar a su lado.

Unos seudo eruditos que afirmaban tener acceso a la agenda de Dios para el futuro molestaron a los tesalonicenses. Es probable que, como muchos maestros de la actualidad, tuvieran tablas, gráficos y ecuaciones matemáticas para sustentar sus alarmantes enseñanzas. Pero Pablo les dijo a los creyentes (y a mí me encantan estas palabras): «No pierdan la cabeza ni se alarmen».

Mi amigo, involucrarte con la Palabra de Dios es una de las grandes formas en todo el mundo para liberar tu corazón de toda alarma y no perder la cabeza. Cuando te sumerges en las páginas de este libro eterno, alguien se ocupa de tus problemas. Es como escalar aquella montaña que mencioné antes; la Palabra te posibilita ver por encima y más allá de la bruma gris y las nubes bajas.

Si deseas un corazón turbado, si deseas confusión, ansiedad y parálisis mental, simplemente descuida tu Biblia y sigue escuchando todas esas otras voces que repletan los periódicos y las radiofrecuencias. Lee las revistas. Escucha programas radiales. ¡Encontrarás toda la alarma que puedas tener! Pero cuando ya tengas lo suficiente, cuando tu corazón esté extenuado y desees perspectiva, descanso y una fresca esperanza, reúnete con Dios y abre una Biblia. El Espíritu Santo traerá iluminación a tu mente y paz y perspectiva a tu alma.

Hace poco leí un libro en el cual la autora confesaba que por estar leyendo muchos comentarios de las Escrituras, no había pasado mucho tiempo con la Biblia. Un día decidió poner a un lado todos esos libros durante una temporada y únicamente dedicarse a la Palabra de Dios. Aplaudo la decisión de esa señora. A veces necesitamos retirar todas aquellas voces de nuestros oídos, excepto la voz del Señor Dios. Es probable que esto requiera de un pequeño esfuerzo. Tal vez represente levantarse una hora más temprano en la mañana. Quizás implique alejarte a un lugar aislado durante unos momentos. ¡Tal vez hasta signifique encerrarte en el baño! Más allá de lo que requiera, necesitamos escuchar la apaciguadora voz de nuestro pastor en estos momentos turbulentos.

Una perspectiva

Pablo deseaba que los tesalonicenses experimentaran la perspectiva de un cambio de vida gracias a la sabiduría y a la Palabra de Dios. Y, además, resultó que Timoteo, el tímido joven amigo de Pablo, necesitaba una fuerte dosis de esa misma medicina. En las dos cartas del apóstol a ese asediado pastor, Pablo buscaba dar a Timoteo una perspectiva telefotográfica sobre cómo sería en realidad el final de los tiempos. Es probable que nunca antes hayas tenido la oportunidad de leer estos descriptivos versículos en secuencia. Pienso que los encontrarás, así como yo lo hice, como un cuadro muy revelador.

1. Una rebelión

El Espíritu dice claramente que, en los últimos tiempos, algunos abandonarán la fe para seguir a inspiraciones engañosas y doctrinas diabólicas. Tales enseñanzas provienen de embusteros hipócritas, que tienen la conciencia encallecida. Prohíben el matrimonio y no permiten comer ciertos alimentos que Dios ha creado para que los creyentes, conocedores de la verdad, los coman con acción de gracias (1 Timoteo 4:1-3).

Ahora bien, ten en cuenta que en los últimos días vendrán tiempos difíciles. La gente estará llena de egoísmo y avaricia; serán jactanciosos, arrogantes, blasfemos, desobedientes a los padres, ingratos, impíos, insensibles, implacables, calumniadores, libertinos, despiadados, enemigos de todo lo bueno, traicioneros, impetuosos, vanidosos y más amigos del placer que de Dios. Aparentarán ser piadosos, pero su conducta desmentirá el poder de la piedad. ¡Con esa gente ni te metas! (2 Timoteo 3:1-5).

Porque llegará el tiempo en que no van a tolerar la sana doctrina, sino que, llevados de sus propios deseos, se rodearán de maestros que les digan las novelerías que quieren oír. Dejarán de escuchar la verdad y se volverán a los mitos (2 Timoteo 4:3-4).

Escucha cuidadosamente, mi amigo. Lo que Pablo predijo a Timoteo ya ha sucedido y continúa sucediendo.

Pablo dijo que antes que el día del Señor llegara, toda la iglesia se alejaría de las verdades de la fe largamente sostenidas. Eso es exactamente lo que encontrarás en casi cualquier ciudad o pueblo de nuestra nación. Nunca ha habido tal desorden en la iglesia de Jesucristo como el que hay ahora. Es posible que hayas experimentado el desconcierto de probar una iglesia tras otra y encontrarte con una mezcla diluida de la verdad, con las contradictorias enseñanzas de los hombres.

Y no importa lo que diga la «etiqueta» fuera de la iglesia. Si no caminas a través de esas puertas con alguna precaución y discernimiento, no tienes ni idea de dónde te estás metiendo. Es probable que encuentres una ideología de la Nueva Era arrebatando la verdad bíblica. Quizás encuentres enseñanzas encasilladas en «actitudes mentales positivas», diseñadas para hacer que todos se sientan bien todo el tiempo.

¿Te gustaría ser un presentador de noticias que únicamente diera buenas noticias en cada emisión? Sería espectacular, excepto que... eso no es real, ¿verdad? La Palabra de Dios tiene algo que decir para toda situación humana y no siempre está adornado con corazones, flores y caritas felices. La Biblia enfrenta el pecado y sus raíces, tal como un cirujano busca el cáncer en el cuerpo humano. No siempre es placentero y no siempre es bonito, pero salva vidas.

Tanto Jesús como Pablo declararon que habría un gran alejamiento de la verdad en los días inmediatamente anteriores al regreso del Señor. Las contracciones de parto ya comenzaron, ¿no es así? La intensidad está creciendo, al igual que la frecuencia. Se está volviendo cada vez más difícil entender lo que está sucediendo, incluso en las antiguas, sobrias y establecidas iglesias. En los púlpitos donde se solía proclamar la verdad con poder, ahora encuentras pastores y maestros cuestionando, tanto los milagros, como la historicidad de la Biblia.

¿Qué está sucediendo? Estamos experimentando la rebelión, el distanciamiento. Este es otro gran rótulo amarillo en el camino hacia el final de los tiempos.

2. Una retirada *Es la que puede salvar al pecador.*

La Escritura también habla de una retirada. Fíjate nuevamente en 2 Tesalonicenses 2:7: «Es cierto que el misterio de la maldad ya está ejerciendo su poder; pero falta que sea quitado de en medio el que ahora lo detiene». ¿Qué es esto que lo «detiene»? Es una fuerza invisible que detiene la fuerza unida del máximo mal. Por malo que sea el ahora en nuestro mundo, podría ponerse (y se pondrá) peor. Hay una influencia que detiene este mal, esta oscura y satánica marea de perversión y desorden que hay en nuestro mundo. ¿Quién tiene el poder de detener a

Satanás? Solo Dios. Y es Dios, Espíritu Santo, la tercera persona de la Trinidad, quien en la actualidad demarca la línea y mantiene a raya el océano del mal.

Pablo le está diciendo a los tesalonicenses algo como esto: «Amigos, no pierdan la cabeza ni se alarmen con estas escritos supuestamente nuestros. Ustedes no están en medio de la Tribulación ni ha llegado el día del Señor. Porque primero tiene que llegar la rebelión contra Dios con todo su fuerza y para esto hace falta que se quite lo que ahora detiene la maldad».

¿Cuándo cesará la fuerza que detiene el mal? Cuando el Espíritu Santo no tenga el ministerio que tiene ahora. ¿Y cuándo sucederá eso? Cuando la iglesia sea arrebatada en el rapto.

Déjame hacerte una pregunta: ¿Dónde habita el Espíritu Santo? Él habita dentro del creyente. Cuando llegue el rapto, todos los creyentes serán recogidos y enviados al cielo y el Espíritu Santo ya no tendrá un ministerio residente en esta tierra. Su rol se revertirá a lo que fue en el Antiguo Testamento. Si tú crees que ahora las condiciones son oscuras y viles, solo trata de imaginar cómo serán las cosas cuando todas las restricciones se quiten de repente. Será como retirar de inmediato todos los diques que rodean los Países Bajos. El pecado y la muerte, el odio y la perversión, se apresurarán repentinamente a llenar el vacío que dejará la partida de la Iglesia y la presencia del Espíritu. Cuando eso ocurra, la Gran Tribulación no estará tan lejos.

Pablo dijo algo así: «No quiero que estén ansiosos ni preocupados, como si estas cosas ya hubieran sucedido». Estamos en los preparativos de la rebelión. Hemos visto las señales de advertencia en el desfiladero de las montañas y sabemos que la carretera por delante nos tira por un empinado declive.

¿Cuán pronto? ¿Quién lo sabe? Es posible que el siguiente sonido que tú y yo escuchemos sea el llamado de la trompeta de Dios. Entonces, antes de que podamos respirar o parpadear, estaremos corriendo juntos en medio de la estratosfera para encontrarnos con el Señor en el aire. ¡Aleluya!

3. Una revelación

La revelación de «aquel inicuo» es la tercera cosa que Pablo dijo que tendría que suceder. Él escribe: «Es cierto que el misterio de la maldad ya está ejerciendo su poder; pero falta que sea quitado de en medio el que ahora lo detiene. *Entonces se manifestará aquel malvado*, a quien el Señor

Jesús derrocará con el soplo de su boca y destruirá con el esplendor de su venida» (2 Tesalonicenses 2:7-8, énfasis del autor).

¿Quién es este «malvado»? Es el Anticristo. Apenas la semana pasada un hombre me llamó a la oficina y me dijo que conocía la identidad del Anticristo. Él quería reunirse conmigo para «revelarme» la identidad. Todo el mundo tiene una idea o una teoría… y yo sencillamente no tengo tiempo para la mayoría de ellos. Sin embargo, la Biblia nos dice claramente que antes de que el día del Señor llegue y la tribulación arrase nuestro mundo, muchos en la iglesia se alejarán de la verdad, ocurrirá el rapto de la iglesia y se revelará aquel conocido como el Anticristo.

Una receta

¿Ves la forma en la que la Palabra de Dios puede ayudarte a mantener tu perspectiva? ¿Alguna vez has estado en un avión dirigiéndote a casa luego de un largo viaje, cuando de repente comienzas a pensar en el piloto y copiloto que están en la cabina? ¿Cómo se las arreglan para manejar esta nave por medio del continente y venir directamente a mi ciudad? ¿Cómo dirigen esta cosa en medio de tormentas, nubes, la noche y las interminables y solitarias millas y logran aterrizar con precisión en San Diego, en la pista cinco?

Las Escrituras son como el sistema de guía que usa el piloto para volar miles de millas en medio de la oscuridad. Nuestro conocimiento de las Escrituras puede ayudarnos a saber qué decir y a dónde ir, cómo planear, preparar y responder a cualquier situación de la vida.

A medida que Pablo termina su discusión sobre estos proféticos temas en 2 Tesalonicenses 2, parece tomar una profunda bocanada de aire y lanzarse en una pequeña charla para infundir ánimo. Les dice a sus lectores tres cosas que deben hacer a la luz de lo que él les ha enseñado. Estas tres mismas cosas pueden guiarnos a ti y a mí en medio de esta creciente oscuridad de nuestra cultura y mantenernos en el camino de una vida agradable a Dios.

1. Estar firmes

Nota lo que él dice en el versículo 15: «Así que, hermanos, sigan firmes y manténganse fieles a las enseñanzas que, oralmente o por carta, les hemos transmitido».

¡Gran consejo! En otras palabras, no corras atrás de alguna nueva doctrina, de alguna exótica enseñanza. Este no es el momento para explorar novedosas ideas sobre teología. Si nos han instruido en la verdad y conocemos la Palabra de Dios, es momento de cavar profundamente en nuestras raíces.

Es probable que tú digas: «Dr. Jeremiah, he estado experimentando un poco con algunas cosas de la Nueva Era, sobre la cual he estado leyendo». ¡No hagas eso! Sé firme en la verdad que tú conoces. El rápido pie de Satanás puede meterse en la más pequeña rendija de unas puertas ligeramente abiertas. Esa es toda la invitación que él necesita para construir una fortaleza en tu vida y empujarte camino abajo por las oscuras y destructivas enseñanzas. Si alguna vez ha habido un momento para que tú y yo seamos dogmáticos e inequívocos sobre la verdad conocida, este es el momento.

Algunos dirán: «Pero, Dr. Jeremiah, eso no suena "tolerante". ¿No se espera que mostremos "tolerancia" en estos días?» ¿Sabes cómo respondería yo a esa pregunta? Yo quiero ser tan tolerante como lo es Dios. Y Dios es poderosamente intolerante con aquello que no es verdadero. Así que seamos tan intolerantes (en una dulce y cristiana manera) como lo es él.

Y mientras estás firme, no te olvides…

2. Retiene

Me encanta esto. Pablo dice: «Así que, hermanos, sigan firmes y manténganse fieles a las enseñanzas que, oralmente o por carta, les hemos transmitido. Que nuestro Señor Jesucristo mismo y Dios nuestro Padre, que nos amó y por su gracia nos dio consuelo eterno y una buena esperanza, los anime y les fortalezca el corazón» (2 Tesalonicenses 2:15-17).

Este no es momento para desmotivarnos o enterrarnos bajo las circunstancias. Si leer el periódico en la mañana te desalienta, aléjate de este. En lugar de eso, lee la Palabra de Dios y guarda todas esas malas noticias para cuando estés preparado y te recuperes de estas. En este tiempo las noticias no son buenas. Si piensas mucho en las noticias, te podrán agobiar.

Pero en medio de todo esto, está Jesús.

En medio de esto, el Pastor ofrece una clara perspectiva, habla calmadamente a nuestros corazones y susurra palabras de aliento y esperanza. En este momento en particular de nuestras vidas, como iglesia y como cultura, debemos pedirle a Dios que nos ayude a enamorarnos de nuestro Salvador como nunca antes. Debemos cultivar esa relación hasta que él ya no sea solo una cosa en nuestras vidas sino que sea *La cosa* en nuestras vidas… e incluso la vida misma. Él es el centro de quienes somos. Así que debes estar firme. Retiene. Y una última palabra…

3. Trabaja con ahínco

> Que nuestro Señor Jesucristo mismo y Dios nuestro Padre, que nos amó y por su gracia nos dio consuelo eterno y una buena esperanza, los anime y les fortalezca el corazón, para que tanto en palabra como en obra hagan todo lo que sea bueno (2 Tesalonicenses 2:16-17).

Mi amigo, este no es el momento de ponerse una bata blanca, sentarse en una cerca y obstinadamente mirar al cielo a esperar el regreso del Señor. Este es el momento de ponerse a trabajar por Dios. Usa el poder, la energía y los dones que él te da. Maximiza el tiempo. Aprovecha las oportunidades. Uno de los objetivos más simples de un cristiano no es únicamente ir al cielo sino ¡llevar consigo tanta gente como sea posible! Habla del evangelio, enseña a los niños, fortalece a los débiles, edifica a los vacilantes, motiva a los caídos y extiende una mano fuerte a quienes están sufriendo. En cada buena obra «ocúpense hasta que regrese», dijo el Señor.

El camino se divide más adelante y ya hemos visto las señales de advertencia. No es momento para quedarse dormidos al volante.

Cuatro

NO TE DEJES CONFUNDIR

Cuando Jesús dejó esta tierra, los discípulos lo vieron ascender al cielo hasta perderlo de vista.

Pero siguieron mirando, entrecerrando los ojos debido al resplandor, mirando fijamente al cielo, como si esperaran que bajara nuevamente. Por fin necesitaron un golpecito angelical que sacudiera la preocupación de estos desconcertados hombres. *La Biblia al Día* parafrasea el relato de Lucas en el libro de los Hechos:

> Mientras éstos seguían con la mirada fija en la figura que se perdía en las alturas, dos varones vestidos de blanco se pusieron junto a ellos.
> —Varones galileos —les dijeron—, ¿por qué se han quedado mirando al cielo? Jesús se ha ido, sí, pero algún día regresará de la misma forma en que lo han visto ascender al cielo (Hechos 1:10-11, LBAD).

Esos ángeles tenían un punto muy importante. Jesús dijo que regresaría y él lo hará. Mientras tanto, no sirve para nada quedarse mirando al cielo. ¡Hay trabajo que hacer! Nuestra fe nos asegura que él regresará, pero nuestro *enfoque* debe fijarse en cumplir el encargo del Rey hasta que llegue ese grandioso día.

Establecer fechas para el regreso del Señor se parece bastante a quedarse mirando fijamente el cielo vacío. No nos ayuda a adelantar los propósitos de Dios en la tierra y nos distrae de nuestro enfoque correcto como creyentes. Más allá de eso, establecer fechas puede crear un gran daño, e incluso una tragedia.

¿Qué sucedió con el «Siglo cristiano»?

Al principio del siglo veinte, los cristianos de los países occidentales anticiparon el siglo más grande que el mundo haya conocido. La tecnología florecía por todas partes. Henry Ford, Thomas Edison y una multitud de otros inventores estaban ocupados creando objetos que facilitarían el camino y aliviarían la carga para los millones de norteamericanos promedios. La electricidad comenzó a iluminar los grandes edificios y las calles de la ciudad. Fueron días de un optimismo desenfrenado y los lemas que surgieron en esta era reflejaban ese espíritu positivo. Podías escuchar a los cristianos decir cosas como: «Siempre adelante y hacia arriba», o «la evangelización de nuestro mundo en nuestra generación», o «el absolutismo del cristianismo».

Un grupo de almas de mente amplia, al principio de 1900, lanzó un nuevo periódico que llamaron *The Christian Century* [El siglo cristiano]. Eso era lo que estos periodistas cristianos pensaron que podrían esperar en los albores del siglo XX: cien años de paz, progreso y cristianización. En aquellos días, los recordatorios de «la pronta venida de Jesucristo», se veían como habladurías lunáticas y marginales.

Ahora estamos comenzando un nuevo siglo y mirando los últimos cien años. ¡Oh, cuán diferente parece la perspectiva desde este punto de vista! Fue una era de brutalidad y fusión moral sin paralelo.[1] Hasta se podría decir que fue el siglo menos cristiano desde que Jesús caminó en la tierra. Estamos, como Timothy George escribió:

> Inundados por un mar de apocalipticismo… la histeria del fin de los tiempos domina los medios de comunicación y repetidamente aflora como una característica distintiva [en] tragedias bizarras y mortales, tales como los asesinatos en la Rama Davidiana en Waco, Tejas, el ataque al metro en Tokio y la reciente carnicería en la ciudad de Oklahoma.[2]

Si escuchaste los reportajes de cualquiera de estos sucesos, escuchaste a alguien, incluso los locutores seculares, que de alguna manera lo relacionaron para hablar del regreso de Jesús a la Tierra.

Sabemos que nuestro Señor regresará; hemos tomado nota de las señales que él enumeró para nosotros y creemos que su regreso es inminente. Sin embargo, invertir tiempo y energía para enfocarnos en buscar establecer una fecha específica para dicho evento, no solo es insensato, sino una crasa violación a las Escrituras.

Por supuesto, quienes fijan fechas han estado con nosotros durante siglos. En el segundo siglo, los Montanistas estaban convencidos de que Jesús regresaría a Frigia, una región del Asia Menor.

Más recientemente, en 1983, Mary Stewart Relfe escribió que ella había estado orando para saber el año de la venida del Señor. Como resultado de esas oraciones, ahora sabía que la Tercera Guerra Mundial estaba próxima, la cual terminaría en una destrucción parcial de los Estados Unidos por un ataque nuclear. Ella escribió: «Esto fue una de las revelaciones divinas más tremendas que jamás haya recibido del Señor». Tan específica era esa «visión», que produjo un cuadro mostrando cómo la Tercera Guerra Mundial comenzaría en 1989, seguida por la Gran Tribulación en 1990. De acuerdo a esa gráfica, Jesucristo regresaría a la tierra en 1997.[3]

Aparentemente, a alguien se le olvidó enviarle un fax al Señor con la copia de esa gráfica.

Reginald Dupont, un autor californiano de numerosos libros autopublicados, profetizó una hambruna mundial para 1986, dando como resultado gran cantidad de muertes. Él aseguraba que por primera vez Estados Unidos sentiría el dolor del hambre. Insistía en que esto sería tan malo que a lo largo y ancho de la nación se venderían partes del cuerpo humano en las tiendas.[4]

Lester Sumrall, fundador de LeSEA Broadcasting Company, fijó sus ojos (junto con muchos otros) en el año 2000. Él escribió: «Predigo el cumplimiento del tiempo de la operación del hombre en el planeta Tierra para el año 2000 d.C. Después Jesucristo reinará desde Jerusalén durante mil años».[5]

Sumrall no estaba solo en sus nefastas predicciones para el año 2000. Los apocalipticistas publicaban advertencias diarias del día del juicio. Cuando David McCallum, actor de televisión, fue anfitrión de una serie en horario estelar sobre profecías antiguas, advirtió que todo futurista, desde Nostradamus hasta Edgar Cayce, desde los arquitectos de las pirámides hasta la Biblia misma, había fijado el año 2000 para el fin del mundo. Por supuesto, toda esta discusión dio como resultado un boom editorial: libros del día del juicio final y tabloides haciendo timbrar las campanillas de las cajas registradoras a lo largo y ancho de Norteamérica, dando como resultado impredecibles ganancias.

He usado varias palabras para describir esa fijación de fechas... términos como *insensato*, *dañino* e *hiriente*. Sin embargo, de alguna forma estas palabras no capturan lo que sentí durante 1999 acerca de dichas obsesiones.

Francamente, pienso que la mejor palabra es *absurdo*.

Fijar fechas es un absurdo

Si comenzaras a establecer una fecha para el regreso de nuestro Señor, ¿cuál calendario usarías?

Se informa que el actual calendario que se usa en el occidente lo inició Dionisio el Exiguo en el 532 d.C. Su idea fue establecer el año uno desde la época en que, según sus cálculos, Jesús había nacido. Los eruditos actuales coinciden en que Dionisio se equivocó por lo menos en cuatro años, lo que significa que probablemente Cristo nació en el año 4 a.C., y en ese caso el año 2000 en realidad correspondería a 1997.

Pero Dionisio era, por supuesto, un participante tardío en este asunto de los calendarios. La iglesia primitiva estuvo operando con el calendario juliano, que Julio César había establecido porque estaba harto de los errores del calendario romano. Además, los griegos tenían su calendario, así como los egipcios, los babilonios y los anglosajones. ¿Tiene Stonehenge algo que ver con eso? Incluso los antiguos Mayas y los musulmanes ya habían tenido su propio calendario.

Por supuesto, los hebreos estaban operando con un calendario fechado retroactivamente a la fecha en que ellos calculaban se originó la creación: 3761 a.C. De acuerdo a esos cálculos, nuestro año 2000 viene a ser como el 5761 del calendario judío, un año que, si lo piensas, no sonaría muy apocalíptico que digamos.

Claro, actualmente tenemos toda suerte de tecnologías e informes de fechas del calendario internacional, el calendario mundial y el calendario perpetuo. Y podríamos preguntar qué calendario se usa entre las galaxias, las constelaciones y las nebulosas. ¿Acaso Dios va a sonar su trompeta en los cielos con el fin de honrar la equivocación de cuatro años de Dionisio en esta pequeña y diminuta Tierra?

Cuando los apóstoles interrogaron a Jesús sobre su ascensión e hicieron la pregunta acerca del tiempo apocalíptico, nuestro Señor respondió gentil pero firmemente: «No les toca a ustedes conocer la hora ni el momento determinados por la autoridad misma del Padre ... Pero cuando venga el Espíritu Santo sobre ustedes, recibirán poder». Solo Dios sabe qué hora es en Alfa Centauro, en las lunas de Vega, en el Sistema Épsilon Eridani o en las Islas Obi aquí en la Tierra. Y solo Dios conoce cuándo terminará este tiempo. Después de todo, la Biblia nos dice que Dios no tiene tiempo. Él es el mismo ayer, hoy y siempre.... Puedes estar seguro de que el reloj de Dios es el único con el que vale la pena sincronizar tu reloj.[6]

¿Ves lo que quiero decir? Establecer fechas es absurdo. ¿Por qué lo haría alguien? ¿Por qué alguien trataría de calcular en nuestro calendario un lapso de tiempo que de todas formas el Señor dice que no podemos saber? No tiene sentido, como lo vimos en el año 2000 con todas las inútiles y salvajes predicciones. De hecho, es más que un absurdo; es pecaminoso.

Fijar fechas es pecado

En 1 Tesalonicenses 5, leemos estas palabras: «Ahora bien, hermanos, ustedes no necesitan que se les escriba acerca de tiempos y fechas, porque ya saben que el día del Señor llegará como ladrón en la noche» (vv. 1-2).

¿Alguna vez un ladrón te ha llamado para programar su robo a tu hogar? Eso podría ser decente, incluso, gentil, ¿verdad? ¿Podrías imaginarte una llamada como esta? «Bueno, si tienes un almanaque a la mano, me gustaría fijarlo para el martes de la próxima semana. ¿Sería conveniente para ti no estar en casa? Es decir, ¿estaría bien esa fecha para ti? ¿Qué tal a las 2 a.m.? Bueno, gracias por tu cooperación».

Cuando la Biblia nos dice que nuestro Señor vendrá como «ladrón en la noche», está dejando claro que *no sabemos cuándo sucederá eso*.

No se anuncia.

No se programa.

Es inesperado.

Si algo se enseña constantemente en el sermón de nuestro Señor en el Huerto de los Olivos, en el libro de Mateo, capítulos 24 y 25, es esto: dado que no sabemos la fecha de su llegada, necesitamos estar listos todo el tiempo.

Acompáñame a revisar los siguientes versículos en Mateo 24 y 25:

- Pero en cuanto al día y la hora, nadie lo sabe, ni siquiera los ángeles en el cielo, ni el Hijo, sino sólo el Padre (24:36).
- Manténganse despiertos, porque no saben qué día vendrá su Señor (24:42).
- Por eso también ustedes deben estar preparados, porque el Hijo del hombre vendrá cuando menos lo esperen (24:44).
- El día en que el siervo menos lo espere y a la hora menos pensada el señor [de este siervo] volverá (24:50).
- Por tanto —agregó Jesús—, manténganse despiertos porque no saben ni el día ni la hora (25:13).

Y en Marcos 13:32, un pasaje paralelo, leemos: «Pero en cuanto al día y la hora, nadie lo sabe, ni siquiera los ángeles en el cielo, ni el Hijo, sino sólo el Padre».

Todas estas palabras se escribieron en cuanto a la Segunda Venida. Pero si esas cosas son ciertas respecto a ese evento, son tan ciertas —e incluso más— en cuanto al rapto, que es la primera parte de la Segunda Venida. El Señor dijo que tú no ibas a saber la hora ni el día, ni la semana ni el año. Sí, es inminente. Puede suceder en cualquier momento, incluso antes del siguiente latido de tu corazón. *Pero NADIE sabe en qué momento sucederá.*

Antes de pasar al siguiente punto, me gustaría grabar tres verdades en tu corazón.

1. Nadie sabe cuándo regresará Cristo

Es una completa locura fijar la fecha para el regreso del Señor. Nosotros no la sabemos. Los ángeles no la saben. Dios el Padre sabe cuándo ocurrirá y todo lo que podemos hacer es prepararnos para ese día, porque llegará pronto.

Entiendo la sabia decisión del Padre de mantener este asunto oculto bajo el silencio de Dios. Si en realidad alguien supiera por adelantado la fecha de la venida del Señor, él o ella podrían decidir vivir en pecado hasta la semana señalada y luego, de pronto, arrepentirse y prepararse para el gran momento.

«Vamos», dirás tú, «¡eso es absurdo! Nadie haría eso». Oh, sí, sí lo harían. A través de mis treinta y pico de años en el ministerio he estado estudiando la naturaleza humana y eso es precisamente lo que sucedería.

Otros dejarían de hacer todo lo que estuvieran haciendo para sentarse en la cima de una montaña a esperar su regreso. ¿Recuerdas que William

Miller se despojó de todo lo que poseía, al igual que todos sus seguidores? Si supiéramos la fecha y hora del regreso de Cristo, no seríamos capaces de elaborar un plan futuro o compromisos y relaciones a largo plazo. En su infinita sabiduría, el Señor escogió no revelarnos el momento exacto de su regreso. Él dijo a sus seguidores: «No les corresponde saber, no les corresponde preocuparse. Ustedes simplemente salgan y sean mis testigos, en sus pueblos, en los pueblos vecinos y en todo el mundo».

Personalmente estoy agradecido que él lo hiciera de esa manera. Mientras tanto, yo tengo mis manos ocupadas lidiando con el pasado y con el presente. Así que prefiero que el Señor maneje el futuro. Es probable que tú también crecieras con el adagio que muy a menudo se decía en mi casa: «No sé lo que me deparará el futuro, pero sé quién lo sustenta».

David escribió: «Pero yo, Señor, en ti confío, y digo: "Tú eres mi Dios." Mi vida entera está en tus manos» (Salmos 31:14-15). Eso es suficiente para mí. Cuando tratamos de llegar a los misterios contenidos en el corazón del todopoderoso Dios, nos adentramos en un territorio que no nos pertenece. Nadie sabe la fecha del regreso de nuestro Señor. ¡No permitas que ningún hombre, mujer —o ángel— te diga lo contrario!

Algunas personas me han preguntado por qué me molesto tanto con los que hacen predicciones específicas sobre el futuro. La cosa es simple, en la Biblia solo hay una regla para un profeta. ¿Cómo sabes que un profeta es un verdadero profeta? Deuteronomio 18:21-22 nos lo dice de una manera muy simple: «Tal vez te preguntes: "¿Cómo podré reconocer un mensaje que no provenga del Señor?" Si lo que el profeta proclame en nombre del Señor no se cumple ni se realiza, será señal de que su mensaje no proviene del Señor. Ese profeta habrá hablado con presunción. No le temas».

Si lees el resto de este pasaje, descubrirás que cuando una persona hacía una profecía en nombre del Señor y *no* se volvía una realidad, apedreaban a ese hombre o mujer hasta la muerte. Era una ofensa capital sin derecho a las apelaciones.

No estoy sugiriendo que en la actualidad hagamos eso, pero una pregunta da vueltas en mi mente: si alguien escribiera un libro y fuera a la televisión y a la radio y dijera «yo garantizo que esto o aquello va a suceder en tal y tal momento» y no sucediera, ¿querrías volver a escuchar a ese individuo alguna otra vez? *¿Por qué?* Yo no lo podría entender. Solo imagínate que yo estuviera parado detrás de mi púlpito en la Iglesia Comunitaria de Shadow Mountain y dijera: «Amigos, Jesucristo va a regresar el primero de enero del próximo año. Sus pies se posarán en

El Cajón, California, y todos nos reuniremos en los terrenos de esta iglesia, para testimoniar el evento. Traigan el almuerzo».

Eso, aquí, provocaría alguna agitación… hasta el 2 de enero. Después de eso me quedaré sin trabajo y estaré haciendo burritos en un Taco Bell. ¿Por qué volverías a escucharme predicar otra vez? No debieras hacerlo, ni yo esperaría que lo hicieras.

¿Cómo es posible que alguien declare públicamente la fecha del regreso del Señor y luego, aunque no suceda, la gente lo siga escuchando? La gente se apresura a comprar su siguiente libro. No puedo comprenderlo. Es un error hacer tales predicciones porque la Biblia dice: «nadie lo sabe…»

Ni siquiera los ángeles en el cielo.

2. Ningún ángel sabe cuándo regresará Cristo

Ni siquiera los ángeles saben cuándo regresará Jesús al planeta del que salió hace dos milenios. Vuelve a leer conmigo las palabras del Señor en Mateo 24:36: «Pero en cuanto al día y la hora, nadie lo sabe, ni siquiera los ángeles en el cielo».

Piensa acerca de esto durante un momento. La Biblia dice que nadie, ya sea en el mundo natural como en el mundo sobrenatural, sabe el día exacto del regreso de Jesucristo. Por supuesto, los ángeles tienen constante acceso al trono de Dios. Ellos siempre esperan ante él, escuchando sus órdenes. Isaías 6 nos dice que ellos vuelan alrededor de su trono. Mateo 18 nos dice que están en íntima comunión con Dios. Incluso Jesús reveló que los ángeles serán los agentes de juicio en la Segunda Venida y que reunirán a los creyentes que sobrevivan a la Gran Tribulación. Sin embargo, a pesar de todo eso, no saben la fecha que el Padre ha establecido.

Mi amigo, nos han embaucado y engañado. ¿Puedes imaginar la descarada audacia de un hombre o de una mujer que asegure que él o ella conoce algo que ni siquiera los ángeles que están alrededor del trono de Dios saben? ¡Qué arrogancia! Sin embargo, muchos en la comunidad cristiana parecen estar listos a tragárselo todo, una y otra vez.

Por extraño que parezca, creo que muchas de estas obsesiones tienen su fuente en Satanás. ¿Por qué? Porque si estamos parados mirando al cielo, nunca llevaremos el evangelio a Judea, Samaria y a los confines de la tierra. Si nos enfocamos en los misterios que no nos compete a nosotros aclarar, descuidaremos y abandonaremos la obra actual del Maestro para este día y este tiempo. Sencillamente no tendríamos tiempo ni energía para hacer el trabajo de Dios. Eso, creo yo, que es (y siempre ha sido) el objetivo de Satanás. *Él distraerá a aquellos que no puede disuadir.*

Los ángeles no saben la fecha. ¿Estás listo para algo impactante? El Hijo del Hombre tampoco lo sabía.

3. Ni siquiera el Hijo del Hombre sabía el día del regreso de Cristo

¿Puedes creer eso?

Vuelve a leer Marcos 13:32. Fíjate lo que dice: «Pero en cuanto al día y la hora, nadie lo sabe, ni siquiera los ángeles en el cielo, *ni el Hijo,* sino sólo el Padre» (énfasis del autor).

Mucha gente lucha con este pasaje y se pregunta: *¿Cómo Jesús puede ser omnisciente y no saber el momento de su regreso?* Pero Jesús, en el momento que habló estas palabras, se había despojado voluntariamente del uso independiente de sus atributos divinos. Cuando Jesús esbozó estas palabras registradas en Marcos 13, no sabía el tiempo de su segunda venida. Pero *lo supo* cuando se elevó de entre los muertos y recibió su glorioso cuerpo resucitado. Ahora él lo sabe y espera ese glorioso día.

Si ese es el caso, dime: ¿Cómo alguien en el mundo puede descubrir lo que ningún *hombre* sabe, lo que ningún *ángel* sabe y lo que ni siquiera *el Hijo encarnado de Dios* supo cuando estuvo en esta tierra? ¿Adónde tiene uno que ir para obtener esa clase de información? Los cristianos necesitan creer lo que el Señor dijo en referencia a que ningún humano sabe la fecha o el tiempo. Si no estás dispuesto a creer lo que Jesucristo dijo en referencia a eso, entonces, ¿por qué creerías *cualquier* otra cosa de lo que dijo acerca de su regreso?

Solo hay uno que sabe el momento, nuestro Padre Celestial. Y el mismo hecho de que no podamos saberlo nos da motivos para cada día vivir vidas santas. Sabemos que Cristo está por regresar, aunque no sabemos cuándo sucederá esto.

Es pecaminoso hacer lo que el Señor nos ha dicho que no hagamos. El libro de Santiago nos dice: «Así que comete pecado todo el que sabe hacer el bien y no lo hace» (4:17). Está mal engañar a las personas deliberada y voluntariamente, haciendo algo que Dios dijo que no puedes y no debes hacer. Yo sería culpable de una irresponsabilidad muy grande si usara mi influencia para hacer algo como eso en mi calidad de pastor y predicador del evangelio. ¡Que Dios me guarde siempre de buscar persuadir al pueblo de Dios en referencia a algo que yo no tengo manera de saber!

Pero deseo que prestemos atención a la sutileza que hay al fijar una fecha.

Fijar fechas es sutil

La especulación no requiere nada de ti. ¿Alguna vez has pensado en eso?

Tal vez sepas cuántos dedos del pie hay en la bestia de la visión de Daniel. Quizás hayas memorizado intrincadas tablas sinópticas en el libro de Apocalipsis. Tal vez tengas veintisiete teorías sobre cómo calcular el número del Anticristo. Pero saber todo eso y no tener el mensaje afianzado en tu corazón, es ser sutilmente enviado a un callejón sin salida. Hasta te puede causar, a ti y a otros, el perder el camino al cielo.

He aquí algunas cosas sutiles que comienzan a suceder cuando te preocupas por los tiempos y las fechas proféticas.

1. Fijar fechas vence la urgencia

Tito 2:11-13 dice esto: «En verdad, Dios ha manifestado a toda la humanidad su gracia, la cual trae salvación y nos enseña a rechazar la impiedad y las pasiones mundanas. Así podremos vivir en este mundo con justicia, piedad y dominio propio, mientras aguardamos la bendita esperanza, es decir, la gloriosa venida de nuestro gran Dios y Salvador Jesucristo».

Esa es la motivación para nuestra vida. Si supiéramos que él regresaría el segundo martes del mes siguiente, solo unos pocos días antes es que sentiríamos urgencia. Pero cuando no se nos da la fecha, y en su lugar solo se nos da la seguridad de que hay una fecha, la preparación *siempre* será una preocupación.

Cuando yo era un niño, no se nos permitía participar en una cierta cantidad de actividades. Asistir al cine era una de las cosas en esa lista. Recuerdo algunos predicadores que venían a nuestra iglesia para reuniones evangélicas y decían cosas como esta: «¿Qué si *el Señor regresara* mientras tú estás en el cine?»

¿Recuerdas que alguien te atemorizara con esas palabras? *¿Acaso te gustaría ir al cielo desde el cine?* ¡Eso me hacía sentir miedo de Dios! Recuerdo pasar frente al cine, mientras caminaba hacia el centro, y sentir que mi espina dorsal se estremecía de arriba a abajo. Recuerdo que pensaba: *¡Jamás voy a entrar ahí! De ninguna manera. ¡El Señor regresará tan pronto como yo entre por esas puertas!*

En una ocasión, cuando yo tenía 17 años de edad, mis padres salieron de viaje y me dieron el control de la casa mientras ellos estuvieran ausentes. Esa fue la primera vez que hicieron algo así. ¡Por fin solo en la casa!

Me dijeron que consideraban que yo era lo suficientemente maduro para ocuparme de las cosas mientras no estaban y para ellos eso bastaba. Amigos, debo confesarles que dejé amontonar los platos… que se acumulara la ropa sucia… que todo se amontonara. Pero lo más frustrante era no saber exactamente cuándo regresarían a casa. Yo sabía que volverían en algún momento durante un tiempo de tres días, pero no sabía exactamente cuándo.

Así que podrán imaginarse cuándo limpié todo. No fue al final de los tres días, sino al principio. Antes de que ese período llegara a su término, ya yo tenía la casa impecable. ¿Por qué? Quería estar listo para cuando mis padres regresaran. Quería que estuvieran orgullosos de mí. Quería mostrarles que yo era digno de su confianza. No quería avergonzarme cuando el auto se detuviera a la entrada del garaje.

Ese es todo el propósito de la enseñanza acerca del inminente regreso de Jesucristo. Debemos vivir constantemente preparados.

Fijar fechas o permitir que otros las fijen por ti, quita la urgencia. Esa es la razón por la cual el Señor diseñó este programa de la forma en que lo hizo, para que nosotros siempre estemos listos.

Recuerdo que hace algunos años leí una historia que narró el Dr. Charles Swindoll en su libro llamado *Rise and Shine*. Chuck se refería a la época en que él estaba en la escuela, trabajando en un taller metalmecánico. Él trabajaba con un veterano llamado Tex. El viejo Tex había integrado una clase de sensor invisible. Raras veces él tenía que mirar el reloj. Siempre sabía cuándo se acercaba el último silbido. Tex, sin fallar, siempre estaba aseado y listo para timbrar un par de minutos antes de que sonara el silbato. En una ocasión, Swindoll le recordó que era tiempo de comenzar a prepararse para la salida y nunca olvidó la respuesta de ese hombre. Él le dijo a Chuck: «Yo permanezco preparado para evitar prepararme para la salida».[7]

Me gusta eso. ¿Cómo te preparas para el regreso del Señor? ¿Permaneces preparado para evitar prepararte? Porque si estás listo, no tienes que acelerarte para prepararte, ¿verdad? Y ese es el impacto que el pensamiento del regreso del Señor debe tener en nosotros. Si él puede regresar en cualquier momento, nosotros debemos vivir tal y como el libro de Tito nos dice: de una manera justa y piadosa, de tal forma que siempre estemos listos.

2. Fijar fechas promueve la apatía

Cuando estableces una fecha para el regreso de nuestro Señor, te quedas abrumado, lo cual provoca que pierdas tu sentido de dirección. También tiene un efecto dominó en aquellos que te rodean. La gente podría comenzar a responderte como Pedro predijo en 2 Pedro 3:3-4. Nosotros diríamos ese pasaje así: «Desde el principio del tiempo la gente ha estado diciendo: "¿Dónde está la tan esperada venida del Señor? Seguimos escuchando *él viene, él viene*, pero él no ha llegado todavía. No creo que vaya a venir"». Y ellos usan esto como una excusa para no prepararse ni cambiar sus vidas.

El hecho de su inminente venida debe mantenernos siempre alertas, siempre esperando, siempre trabajando con urgencia. Cada mañana, cuando salimos de la cama y cada noche cuando apagamos las luces, debemos decirnos que este podría ser el día de todos los días, que esta podría ser la noche de todas las noches cuando veamos a nuestro Salvador cara a cara.

En Romanos 13, Pablo escribe: «Hagan todo esto estando conscientes del tiempo en que vivimos. Ya es hora de que despierten del sueño, pues nuestra salvación está ahora más cerca que cuando inicialmente creímos. La noche está muy avanzada y ya se acerca el día. Por eso, dejemos a un lado las obras de la oscuridad y pongámonos la armadura de la luz» (vv. 11-12).

Su venida está más cerca ahora que cuando Pablo escribió esas palabras. Eso es obvio, ¿no es así? Por esa razón, su venida está más cerca ahora que cuando tú le recibiste como tu salvador. Está más cerca ahora que lo que estaba ayer. Está más cerca ahora que cuando comenzaste a leer este capítulo.

Creo con todo mi corazón que él podría llamarnos a casa *hoy*. Yo deseo estar listo para ese momento, ¿tú no? Pero tú menoscabas ese profundo sentido de urgencia cuando comienzas a fijar fechas y horas específicas. Comienzas a vivir descuidadamente, en lugar de hacerlo en perpetua preparación y expectativa.

Wendy Murray Zoba, editora asociada de *Christianity Today*, escribió acerca de una ocasión en la que su hijo Benjamín era muy joven. Benjamín había escuchado más de un sermón sobre recibir al Señor Jesucristo. Y el pequeño realmente parecía bastante orientado al corazón de Dios. Él era amable, un pequeño niño generoso y lo suficientemente mayor como para comprender el significado de entregar su corazón a Cristo. Pero cuando le preguntaban al respecto, él seguía repitiendo que simplemente no estaba listo.

Todo esto le molestaba al papá de Benjamín. ¿Por qué su hijo se resistía a hablar sobre este asunto crucial? Por fin, una mañana en la que la familia se sentó en la mesa de la cocina a comer su cereal, el pequeño Ben anunció que estaba listo a entregar su vida a Cristo. Se levantó de la mesa y subió a su cuarto. El papá y la mamá de Benjamín se miraron uno al otro y decidieron que sería mejor seguirlo. Cuando abrieron la puerta de la habitación de Benjamín, esperaban encontrar a su niño arrodillado en oración. Por el contrario, lo encontraron doblando sus pijamas de la Guerra de las Galaxias en su pequeño maletín de Plaza Sésamo.

—Benjamín, ¿qué estás haciendo? —preguntó su papá.

—Estoy empacando —respondió.

—¿Por qué estás empacando?

—Porque voy al cielo

Fue entonces cuando sus padres comprendieron la razón por la cual su hijo había dudado entregar su vida a Cristo. Benjamín pensaba que en el momento en que tomara esa decisión, él tendría que dejar a sus padres y literalmente mudarse al cielo con el Señor.

La escritora concluyó esa historia diciendo que sería maravilloso si todos pudiéramos poseer la fe del pequeño Benjamín.[8] Debiéramos tener nuestros corazones tan fijos en la aparición de Cristo, que nuestras ataduras a la vida terrenal palidezcan en comparación.

Si piensas en esto, cada día, al levantarnos en la mañana, es nuestro último día en la tierra… hasta que Dios nos dé uno más. Y al igual que el pequeño Benjamín dejó su empapado cereal para empacar su maleta para el cielo, cada día de nuestras vidas está lleno con la promesa y posibilidad de un inmediato cambio de residencia.

Desde el ajetreo y la rutina de nuestro horario de trabajo… a una reunión en las nubes.

Desde las cargas y preocupaciones de la vida en la tierra… a la maravillosa casa de nuestro Padre.

Desde los padecimientos y dolores de un cuerpo terrenal en deterioro… a un glorioso cuerpo nuevo que será joven por siempre.

De las frustraciones y soledad de una vida bajo el sol… a una eterna mañana en la presencia del Hijo.

Sabemos que el Señor podría venir hoy o mañana, y por eso debemos empacar todo lo que podemos en el día que Dios nos ha dado. Nunca debemos permitir que nuestra edad, enfermedad, apremios, trabajo o cualquier otra cosa, nos alejen de la emoción, la urgencia y la aventura de vivir cada día para el todopoderoso Dios. Si sabes que a la vuelta de la esquina todo estará resuelto, podrás vivir tu vida ampliamente para el Señor Jesús, siempre anticipándote, siempre buscando su regreso momentáneo.

Benjamín empacó sus pijamas y su cepillo dental. Cuando Dios estuviera listo, él también lo estaría. Los hijos e hijas de Dios no deben vivir de ninguna otra forma que no sea esta.

Mundial 2014
Brasil
Mecico   Honduras
Kroatas

Belgica   Bulgoria
aogelia   Alemania   España

Cinco

NO TE DEJES ENCANTAR

Encantar es una buena palabra para Halloween. Es otra manera de decir «hechizar, angustiar y confundir».

Es fácil caer bajo el embrujo de nuestra prevaleciente cultura. Es fácil descubrirse caminando con la multitud, marchando junto a todos los demás al mismo ritmo. Es muy fácil dejarse moldear en lugar de dar forma a las actitudes que nos rodean. Esta es la diferencia entre remar deliberadamente una canoa contra la corriente y sencillamente permitir que te lleve a donde la corriente te arrastre. La primera requiere ejercicio, diligencia y disciplina. La última no requiere nada en lo absoluto.

Nuestra cultura contemporánea no piensa mucho en la Segunda Venida de Jesucristo. No es un tema de conversación apropiado en los círculos correctos. Suena demasiado como una conversación lunática y extremista.

Este tema, en tiempos pasados, gozaba de un perfil mucho más alto. Por ejemplo, antes del advenimiento de la escritura computarizada, el salón de montaje de los periódicos tenía una amplia variedad de tipos movibles en sus cuartos de producción; y casi todos los periódicos en este país tenían una fuente tipográfica de tamaño gigante para anunciar sucesos estremecedores, como la declaración de una guerra o el asesinato de un presidente. Esta enorme fuente, en el lenguaje común, se conocía como «la fuente Segunda Venida». Hasta en el mundo secular el regreso de Jesucristo era la ocasión más memorable en la que uno podía pensar.

Hoy, dado que la tecnología ha cambiado la forma en la que hacemos nuestros periódicos, también nuestra cultura ha cambiado la forma en que pensamos acerca de la Segunda Venida de nuestro Señor.

El difunto A.W. Tozer escribió acerca de lo que él denominó «el declive de la expectativa apocalíptica» en la iglesia contemporánea. Tozer sentía que los creyentes estaban olvidando la importancia de la cercanía del regreso de Cristo y comparó esa actitud con la de la generación anterior a la suya.

> Entre los cristianos evangélicos se creía que el fin de los tiempos estaba cerca, y a muchos les faltaba el aliento ante la expectativa de un nuevo orden mundial a punto de emerger.
>
> Esta nueva orden estaría precedida por un silencioso regreso de Cristo a la tierra, no para quedarse, sino para levantar a los muertos justos a la inmortalidad, y para glorificar a los santos vivientes en un abrir y cerrar de ojos.
>
> Él los arrebatará para llevarlos a las bodas del Cordero, mientras que la tierra se sumergirá en un bautismo de fuego y sangre durante la Gran Tribulación. Esto sería relativamente breve, terminando de manera dramática con la batalla del Armagedón y con el triunfante regreso de Cristo con su novia para reinar durante mil años.[1]

Sin embargo, en años recientes la iglesia ha olvidado esta verdad. Los cristianos, en lugar de ser distintos al mundo que les rodea y de vivir esperando el regreso del Señor, se han vuelto mucho más como el mundo, tanto, que en ocasiones difícilmente puedes notar la diferencia entre ellos. Muchas iglesias proyectan una actitud descuidada, en lugar de una actitud seria, ante la venida del Señor.

Esto no quiere decir que quienes somos creyentes debamos caminar cabizbajos, con una mentalidad dedicada al fin del mundo. Eso no es lo que la Biblia nos dice. La venida de Cristo no es un tema negativo, es la más brillante y radiante estrella en el horizonte. Pero también es una enseñanza acompañada de severas advertencias bíblicas. Como pueblo de Dios, no podemos permitir que esas verdades se echen a un lado.

Durante más de treinta años de ministerio evangélico he observado a predicadores evangélicos cambiar gradualmente sus actitudes acerca de la declaración de la Segunda Venida. Escucho más y más que el tema «no es lo suficientemente relevante» como para merecer un mensaje el domingo por la mañana. Si vas a hablar sobre el regreso de Cristo, dicen ellos, hazlo en una clase de seminario o en un estudio bíblico entre semana. Pero, por favor, no pases una hora enseñando acerca del fin de los tiempos durante los domingos por la mañana ante gente con luchas familiares, negocios fracasados y un sinnúmero de problemas, tanto físicos como emocionales. En las palabras de un pastor: «¡Eso es absolutamente irrelevante!»

¿Irrelevante?

Yo te puedo asegurar, con un fuerte grado de seguridad, que un minuto después del arrebatamiento el tema no será para nada «irrelevante». Sino que será la definición misma de *relevante*.

Un tema predominante

Maldonado

Entonces, ¿de quién debemos tomar nuestras pautas acerca del regreso de nuestro Señor?

¿De aquellos que colocan el tema sobre una polvorienta repisa trasera o de la Palabra de Dios? La Segunda Venida no es en lo absoluto un tema de «repisa trasera» en la Biblia. Tanto el Antiguo como el Nuevo Testamento están llenos de promesas concernientes al regreso del Mesías a esta tierra.

¡Yo he hecho mi tarea sobre esto! En el Antiguo Testamento hay 1845 referencias a este hecho; un total de 17 libros del Antiguo Testamento le dan prominencia. De los 216 capítulos en el Nuevo Testamento, hay 318 referencias a la Segunda Venida, o, en otras palabras, uno de cada treinta versículos la menciona. Veintitrés libros, de los veintisiete del Nuevo Testamento, hacen referencia a este gran suceso. Tres de los cuatro libros que no lo mencionan son cartas de un solo capítulo escritas a personas individuales sobre un tema en particular. El cuarto es el libro de Gálatas, el cual no hace mención específica a la venida de Cristo, pero ciertamente la implica. Por cada profecía bíblica sobre la primera venida de Cristo, hay *ocho* referentes a su Segunda Venida.

A la luz de tal evidencia masiva, ¿cómo debo responder en calidad de ministro del evangelio de Jesucristo? ¿Acaso debo retirar uno de cada treinta versículos en el Nuevo Testamento y decir: «bueno, tú sabes, eso no es relevante»?

Amigo mío, si el regreso de Jesucristo a esta tierra no es relevante, entonces Dios en la persona del Espíritu Santo no lo habría entretejido a lo largo de las eternas Escrituras. Si él no hubiera querido ponderar y considerar estos asuntos, no los habría subrayado y resaltado una y otra vez.

Este no es *mi* énfasis, no estamos hablando de un tema preferido ni de un pasatiempo de algún predicador místico. Esta es la palabra del todopoderoso Dios y él sazonó de tal forma las Escrituras con esta verdad sobre el regreso de su Hijo que si yo digo ser un maestro o predicador de la Palabra de Dios, no tengo otra alternativa que visitar regularmente esta verdad.

Uno de los aspectos positivos de ser un predicador expositivo es que tienes alguna protección inherente para dejar de lado aspectos de interés especial o de seleccionar temas favoritos. Yo crecí en una época en la que muchos pastores evangélicos iban de un tema a otro, en lugar de predicar un solo libro de la Biblia. Y créeme, todos ellos tenían sus temas preferidos. No tenías que sentarte a escuchar su predicación durante mucho tiempo para saber cuáles eran esos temas. Pero si tú enseñas la Palabra de Dios de manera sistemática y eres fiel al texto, te ves obligado a lidiar con las prioridades *de Dios*, ya que semana tras semana brotan de las Escrituras.

Y si estás enseñando los Evangelios, llegarás a Mateo 24 y 25 y de pronto te encontrarás con la Segunda Venida de nuestro Señor.

Al comienzo del versículo 36, en el capítulo 24, leemos estas palabras:

Pero en cuanto al día y la hora, nadie lo sabe, ni siquiera los ángeles en el cielo, ni el Hijo, sino sólo el Padre. La venida del Hijo del hombre será como en tiempos de Noé. Porque en los días antes del diluvio comían, bebían y se casaban y daban en casamiento, hasta el día en que Noé entró en el arca; y no supieron nada de lo que sucedería hasta que llegó el diluvio y se los llevó a todos. Así será en la venida del Hijo del hombre. Estarán dos hombres en el campo: uno será llevado y el otro será dejado. Dos mujeres estarán moliendo: una será llevada y la otra será dejada.

Por lo tanto, manténganse despiertos, porque no saben qué día vendrá su Señor. Pero entiendan esto: Si un dueño de casa supiera a qué hora de la noche va a llegar el ladrón, se mantendría despierto para no dejarlo forzar la entrada. Por eso también ustedes deben estar preparados, porque el Hijo del hombre vendrá cuando menos lo esperen (Mateo 24:36-44).

Recordarás que los discípulos le habían hecho tres preguntas específicas al Señor en cuanto a los sucesos futuros. Su respuesta en el pasaje antes mencionado llegó en respuesta a la última pregunta: «¿Cuándo sucederá eso?» Él les había hablado de los catastróficos eventos que ocurrirán en el final de los tiempos. Y los discípulos estaban tan curiosos como lo estamos nosotros. «¿Cuándo, Señor, *cuándo*? ¿Cuándo ocurrirá todo esto?»

El Señor les respondió pero no les dijo todo lo que ellos deseaban saber. En su lugar, les dijo lo que ellos *necesitaban* saber. Alguien dijo que una buena predicación es dar a la gente lo que necesita, disfrazado de lo que ellos desean. Dado que él era un experimentado predicador, el Señor Jesús les dio exactamente lo que ellos necesitaban... y ellos fueron todo oídos.

La información contenida en estos dos capítulos de Mateo se dirige básicamente a los que estén vivos durante la generación de la Tribulación. Pero los creyentes de hoy también necesitan prestar atención a la voz del Señor; él vendrá por nosotros durante el arrebatamiento de la iglesia, cuyo día y hora también son desconocidos.

Así que, ¿por qué debemos preocuparnos? «Después de todo», podría razonar alguien, «si no puedes saber cuándo y dónde, ¿para qué preocuparte por eso?» Esto me recuerda una secuencia de preguntas y respuestas que escuché hace algún tiempo.

P: ¿Cuál es la diferencia entre ignorancia y apatía?

R: No sé y no me importa

Así es como mucha gente piensa acerca del arrebatamiento. No lo saben y en realidad no les importa.

Sin embargo, una y otra vez las Escrituras siguen repitiendo el tema de su venida como el claro repique de una enorme campana en una fría mañana: «*¡Prepárate! ¡Alístate! ¡Él viene pronto!*»

Algunos han dejado de prestar atención al sonido de esa campana. Se han acostumbrado a ella. De la misma forma en que la gente se acostumbra al familiar sonido de un reloj de péndulo en el estudio.

¿Puedes escucharlo cuando pasas las páginas de tu Biblia?

Escúchalo en el gran llamado a cerrar filas que le hizo Pablo a los romanos:

Hagan todo esto estando conscientes del tiempo en que vivimos. Ya es hora de que despierten del sueño, pues nuestra salvación está ahora más cerca que cuando inicialmente creímos. La noche está muy avanzada y ya se acerca el día. Por eso, dejemos a un lado las obras de la oscuridad y pongámonos la armadura de la luz. Vivamos decentemente, como a la luz del día, no en orgías y borracheras, ni en inmoralidad sexual y libertinaje, ni en disensiones y envidias. Más bien, revístanse ustedes del Señor Jesucristo, y no se preocupen por satisfacer los deseos de la naturaleza pecaminosa (Romanos 13:11-14).

Escúchalo en la fuerte recomendación que el apóstol le hizo a la primera generación de la iglesia de Corinto:

De modo que no les falta ningún don espiritual mientras esperan con ansias que se manifieste nuestro Señor Jesucristo (1 Corintios 1:7).

Escúchalo nuevamente desde su celda, cuando escribió una motivación oportuna a los filipenses:

En cambio, nosotros somos ciudadanos del cielo, de donde anhelamos recibir al Salvador, el Señor Jesucristo (Filipenses 3:20).

Escúchalo del escritor del libro de Hebreos, quien urgió a sus lectores:

Preocupémonos los unos por los otros, a fin de estimularnos al amor y a las buenas obras. No dejemos de congregarnos, como acostumbran hacerlo algunos, sino animémonos unos a otros, y con mayor razón ahora que vemos que aquel día se acerca (Hebreos 10: 24-25).

Escúchalo de Santiago cuando escribió:

Así también ustedes, manténganse firmes y aguarden con paciencia la venida del Señor, que ya se acerca (Santiago 5:8).

Escúchalo de Pedro:

Ya se acerca el fin de todas las cosas. Así que, para orar bien, manténganse sobrios y con la mente despejada (1 Pedro 4:7).

Escúchalo del anciano apóstol Pablo:

Queridos hijos, ésta es la hora final, y así como ustedes oyeron que el anticristo vendría, muchos son los anticristos que han surgido ya. Por eso nos damos cuenta de que ésta es la hora final (1 Juan 2:18).

Escucha el eco de esa gran campana en las palabras finales de la Biblia:

El que da testimonio de estas cosas, dice: «Sí, vengo pronto.» Amén. ¡Ven, Señor Jesús! (Apocalipsis 22:20).

¿Qué haces con énfasis bíblicos como estos? ¿Ignorarlos? ¿Archivarlos? ¿Pasarlos por alto? ¿Ponerlos de lado para tratar «temas personales más relevantes».

Creo que practicamos ese descuido bajo nuestro propio riesgo espiritual.

Si volvieras a revisar cada uno de esos pasajes, encontrarás que en casi todos ellos la verdad *futura* impacta alguna responsabilidad en el *presente*. El conocimiento de su inminente regreso es el que da urgencia a nuestro caminar, determinación a nuestro servicio y gravedad a nuestras decisiones y conversaciones. «¡Trabajen, porque la noche viene!»

Algunos cristianos se dicen a sí mismos que tienen mucho tiempo para ganar amigos y familia para Cristo. Nosotros pensamos en términos de «temporadas» y «años», pero es posible que no tengamos ni temporadas ni años. Tal vez no podamos darnos el lujo de esperar por ese momento ideal en el que todas las cosas estén en su lugar y la puerta esté completamente abierta. ¿Por qué no? ¡Porque Jesús puede venir mañana por la mañana! Jesús puede venir esta noche ¡a la media noche! Y entonces será demasiado tarde, para siempre, eternamente tarde: «Pasó la cosecha, se acabó el verano, y nosotros no hemos sido salvados» (Jeremías 8:20).

Sí, es común escuchar a la gente hablar de los «aficionados a la profecía» y sonreír indulgentemente ante sus preocupaciones. Y algunos, efectivamente, llevan su interés al exceso, incluso al punto de tontamente buscar descubrir tiempo y fecha para la venida de nuestro Señor, tal como lo comentamos en el capítulo anterior. Sin embargo, la verdad es que las enseñanzas proféticas de la Biblia son algunas de las verdades más prácticas en toda la Palabra de Dios. No debemos segmentar estas grandes enseñanzas en alguna oscura «esquina curiosa» fuera de la corriente principal de nuestras vidas cotidianas. No debemos hacer caso omiso de los asuntos proféticos, diciendo: «Los eruditos tratarán de esos temas. Yo solo me voy a preocupar de criar a mis hijos y cuidar de mi vida cotidiana».

¡No hagas eso, amigo! Porque «la bendita esperanza» de su venida, ¡impactará tu vida diaria como ninguna otra cosa! En las páginas restantes de este capítulo quiero identificar tres actitudes sobre las cuales nos advirtió nuestro Señor en Mateo 24.

Jesús advirtió que no tuviéramos una actitud desdeñosa

En Mateo 24:37-39, Jesús usa una ilustración que debe haber encendido el reconocimiento inmediato en todos sus oyentes.

> La venida del Hijo del hombre será como en tiempos de Noé. Porque en los días antes del diluvio comían, bebían y se casaban y daban en casamiento, hasta el día en que Noé entró en el arca; y no supieron nada de lo que sucedería hasta que llegó el diluvio y se los llevó a todos. Así será en la venida del Hijo del hombre.

Jesús dijo que cuando el Hijo del Hombre regresara, las cosas serían igual que antes del diluvio. ¿Cómo eran las cosas en ese entonces? Génesis 6:5 nos dice que cuando el Señor miró a su creación, «la maldad del ser humano en la tierra era muy grande, y que todos sus pensamientos tendían siempre hacia el mal».

Ahora bien, tal vez la cultura actual todavía no esté «ahí», pero, ¿quién puede negar que vamos en esa dirección? Contrario a las grandes esperanzas de los evolucionistas, este mundo no está volviéndose cada vez mejor. En efecto, está pasando precisamente lo opuesto.

¿Y los pensamientos en las mentes de los hombres? A veces debes pensar, luego de ver las cosas viles que informan las páginas de los periódicos o que oyes en el noticiero de las seis. ¿Cómo pudo alguien idear cosas tan malvadas? Así eran las cosas justo antes del diluvio.

Pero quiero que entiendas que la creciente maldad de este planeta *no* es de lo que el Señor estaba hablando cuando se refirió a la «comida y bebida» que ocurrió antes del diluvio. Yo he escuchado a algunos predicadores decir: «¿Ves cuán terrible era? Ellos se estaban atiborrando con comida y bebida. ¡Glotonería! ¡Ebriedad!»

Entonces, ¿qué vas a hacer en referencia al resto de este versículo? ¿Qué de la frase que dice que ellos estaban «casándose y dándose en casamiento»? Eso suena casi sano.

No, Jesús no está hablando básicamente de las malvadas actividades de la humanidad; su mensaje más bien es que en aquellos días la gente a lo largo y ancho del mundo estaba haciendo cosas «ordinarias». Estaban cocinando. Estaban sacando agua de sus pozos. Estaban celebrando bodas. Estaban tomando la vida como era, día a día.

Y estaban ignorando por completo las advertencias de Noé.

La vida continuaba y ese fanático de la extrema religiosa seguía construyendo un barco del tamaño de un campo de fútbol y hablando sobre la «lluvia» —o lo que eso fuera. Así que ellos no prestaron ninguna atención.

¿Durante cuánto tiempo le predicó Noé a esta gente sobre el diluvio que estaba por venir? ¿Lo recuerdas? *¡Ciento veinte años!* Eso es mucho tiempo para predicar un mensaje. ¿De cuántas maneras diferentes puedes decir «va a llover»? Pero ese era el mensaje que él tenía. Fiel. Constante. Apasionado. Eso es lo que hizo este «predicador de justicia».

Y todos, con una sonrisa, encogiéndose de hombros o sacudiendo la cabeza, pasaron por alto su mensaje.

Es probable que los vecinos de Noé comentaran de su predicación: «Noé, no eres relevante. Si tienes que predicarnos, háblanos de las cosas verdaderas de la vida. Háblanos sobre el matrimonio, la crianza de los hijos y cómo ganarnos la vida. No sigas insistiendo en algún «juicio» futuro en el que nadie cree. ¡Predicador, deja de fantasear!»

Comer. Beber. Casarse. Tener hijos. Trabajar de nueve a cinco. Deleitarse el fin de semana. La vida continúa su ritmo. Y en lugar de volverse a Dios arrepentidos, la población no hizo nada; los hombres y las mujeres dejaron que la cultura y las actitudes prevalecientes los arrastraran. Y la Biblia nos dice que *así* sucederá antes de que Jesús vuelva nuevamente.

Se parece mucho a nuestro mundo actual, ¿no es así? Nadie tiene tiempo para las profecías. Nadie quiere hablar sobre la Segunda Venida. «¡Oye! Tengo que ir a una boda esta tarde»; «Esta noche tenemos una cena en nuestra casa»; «Después del trabajo vamos a ir por unos tragos»; «En marzo vamos a tener un bebé»; «Voy a llevar a mis nietos al zoológico»; «Por fin me nombraron gerente y mi carrera está comenzando a despegar».

La gente, tal y como sucedió en la época de Noé, pasa por la vida de una manera descuidada y desatenta. Tienen esperanzas en el futuro y no prestan atención a las advertencias de Dios. Viven como siempre han vivido.

En la época de Noé el pueblo ignoró e incluso ridiculizó sus advertencias. Noé predicó durante 120 años y ni un solo individuo, aparte de su familia inmediata, creyó en él.

Predicó, predicó y predicó. Envió una invitación tras otra. Y entonces, pasó el último día de la oportunidad y alguien, en algún lugar, sintió la primera gota de lluvia que nunca antes había caído. «Se reventaron las fuentes del mar profundo y se abrieron las compuertas de los cielos … Luego el Señor cerró la puerta del arca».

Pedro, el apóstol, tiene una palabra que decir acerca de esto. Fíjate en los alarmantes paralelismos con el mundo actual: «Ante todo, deben saber que en los últimos días vendrá gente burlona que, siguiendo sus malos deseos, se mofará».

¿Y qué dirán ellos? ¡Escucha!:

«¿Qué hubo de esa promesa de su venida? Nuestros padres murieron, y nada ha cambiado desde el principio de la creación».

¿No has oído esto antes?

«Pero intencionalmente olvidan que desde tiempos antiguos, por la palabra de Dios, existía el cielo y también la tierra, que surgió del agua y mediante el agua. Por la palabra y el agua, el mundo de aquel entonces pereció inundado» (2 Pedro 3:3-6).

¿Qué está diciendo Pedro? Él está diciendo que el tiempo inmediatamente antes del regreso de Cristo será exactamente igual a como lo fue durante la época de Noé. El público se aburría de la predicación de Noé. El viejo Noé estaba políticamente incorrecto. Él seguía diciendo lo que la gente no quería escuchar. La mayoría de la gente solo recordaba que él había estado martillando acerca de un «juicio» y sobre el hecho de que se acercaba una «inundación». ¿Pero dónde estaba todo eso? ¿Dónde estaba el agua? ¿Dónde estaba la lluvia?

Y debido a que el juicio de Dios no aparecía en sus almanaques mensuales, la gente asumió que no podía ser cierto.

Jesús nos advierte que no debemos tener una actitud descuidada. Tal vez tú tengas una actitud como esa. Es posible que digas: «Ahhh, de nuevo con lo mismo. Jeremiah volvió a embarcarse en otra travesía profética. ¿Hasta cuándo? ¿Un segundo libro del mismo tema? ¿O es el tercero? ¿Acaso no tiene nada nuevo que decir?»

He escrito algunos libros sobre este tema porque es importante. Y los que niegan que esto es cierto, algún día tendrán una actitud diferente al ver su medio ambiente. Los miembros de su familia inmediata estarán ausentes. Golpearán la puerta de un amigo y nadie responderá. El auto estará en el garaje con las luces encendidas, pero no habrá nadie en casa. Y mientras el pánico se apodera de sus gargantas se comenzarán a preguntar: *¿Por qué no escuché cuando me estaban hablando sobre el regreso del Señor?*

Jesús dio una segunda advertencia.

Jesús hizo una advertencia en cuanto a la actitud descuidada

El Señor narra una pequeña historia en Mateo 24:42-44:

Por lo tanto, manténganse despiertos, porque no saben qué día vendrá su Señor. Pero entiendan esto: Si un dueño de casa supiera a qué hora de la noche va a llegar el ladrón, se mantendría despierto para no dejarlo forzar la entrada. Por eso también ustedes deben estar preparados, porque el Hijo del hombre vendrá cuando menos lo esperen.

Jesús no dice que él sea como un ladrón. Pero él usa el procedimiento de un ladrón como una ilustración para aclarar su punto. De hecho, la Biblia utiliza esta ilustración en varias ocasiones.

Fíjate en Lucas 12:39: «Pero entiendan esto: Si un dueño de casa supiera a qué hora va a llegar el ladrón, estaría pendiente para no dejarlo forzar la entrada». Y en 1 Tesalonicenses 5:2: «porque ya saben que el día del Señor llegará como ladrón en la noche».

También está en 2 Pedro 3:10: «Pero el día del Señor vendrá como un ladrón. En aquel día los cielos desaparecerán con un estruendo espantoso, los elementos serán destruidos por el fuego, y la tierra, con todo lo que hay en ella, será quemada». Apocalipsis 3:3 dice: «Así que recuerda lo que has recibido y oído; obedécelo y arrepiéntete. Si no te mantienes despierto, cuando menos lo esperes caeré sobre ti como un ladrón». Apocalipsis 16:15 añade: «¡Cuidado! ¡Vengo como un ladrón! Dichoso el que se mantenga despierto, con su ropa a la mano, no sea que ande desnudo y sufra vergüenza por su desnudez».

¿Qué está diciendo Jesús? Yo creo que el mensaje es sencillamente este: «No tengas una actitud descuidada solo porque no veas que estas cosas estén ocurriendo en tus narices». Jesús nos advierte en contra de un enfoque que diga: «Este año no me han robado, así que voy a apagar la alarma. Voy a dejar las puertas sin seguro. No voy a recoger los periódicos de la puerta de entrada. Nunca nadie me ha robado. Nunca le han robado a mis vecinos. A mí no me sucederá».

Quizás puedas testificar que en la vida real sí le roban a la gente. Tal vez te hayas vuelto descuidado o no estés prestando atención y *sucedió* lo que pensaste que nunca sucedería.

Eso es lo que Jesús está diciendo. Él nos advierte que no debemos tener una actitud descuidada, imprudente y auto engañadora que siga insistiendo: «Esto no me puede suceder a mí».

¡Sí, sí te puede suceder! Jesucristo regresará sin ningún aviso. Un día Dios dirá: «Basta ya» y su juicio caerá sobre la tierra y sobre aquellos que rechazaron a su Hijo.

Pero también hay una tercera advertencia.

Jesús advirtió que no tuviéramos una actitud insensible

¿Quién es el siervo fiel y prudente a quien su señor ha dejado encargado de los sirvientes para darles la comida a su debido tiempo? Dichoso el siervo cuando su señor, al regresar, lo encuentra cumpliendo con su deber. Les aseguro que lo pondrá a cargo de todos sus bienes. Pero, ¿qué tal si ese siervo malo se pone a pensar: «Mi señor se está demorando», y luego comienza a golpear a sus compañeros, y a comer y beber con los borrachos? El día en que el siervo menos lo espere y a la hora menos pensada el señor volverá. Lo castigará severamente y le impondrá la condena que reciben los hipócritas. Y habrá llanto y rechinar de dientes (Mateo 24:45-51).

Jesús nos narra otra historia para aclarar su punto. Él describe a dos esclavos que trabajan para su amo ausente. Uno de los esclavos era bueno y fiel, y el otro malo e infiel. El primer esclavo representa a los creyentes que estarán en la tierra antes del regreso del Señor, mientras que el esclavo malo representa a los no creyentes. El Señor declara que toda persona en el mundo mantiene su vida, sus posesiones y sus habilidades gracias a la confianza que Dios ha depositado en él o ella, y cada individuo será responsable ante el Señor de lo que haya hecho con esa confianza.

Este esclavo malo despliega la aptitud característica y la insensibilidad del que lo demora todo. Realmente no cree que su amo regresará pronto, así que no tiene ningún interés en dejar de hacer todas las cosas malas que estaba acostumbrado a hacer. La advertencia de Cristo para él es que mejor sea cuidadoso porque no conoce el horario del cielo.

Incluso yo, como pastor, escucho a la gente decir cosas como estas: «Sí, claro que creo en la venida del Señor, pero quiero echar unas canas al aire y hacer unas cuantas cosas locas. Lo tengo todo resuelto. Cuando vea las primeras señales de la Segunda Venida, entonces pondré mi vida en orden y me prepararé para subir».

En primer lugar, cuestiono la fe sincera de cualquiera que razone de esa manera. Así no razona un verdadero cristiano. Pero aunque pudieras razonar de esa forma, ¡cuán insensato sería! ¡Qué necedad sería hacer tal cosa, porque él viene «cuando menos lo pienses»!

Hace poco hablé con un hombre acerca del Señor. Él quería convertirse en un cristiano, pero me dijo: «en este momento no me es conveniente». Así que dejó a un lado este asunto. Yo no quisiera estar en los zapatos de este hombre si él continúa postergándolo y un día tiene que pararse ante el trono del juicio. ¿Lo puedes escuchar cuando esté parado ante el Señor del universo diciéndole: «Bueno, Señor, yo iba a aceptarte y seguirte, pero, no me era conveniente».

Poco convincente, ¿verdad?

Y la dura verdad es que no será «conveniente» para Dios dejarte entrar al cielo… porque no fue «conveniente» para ti aceptar su provisión para tus pecados.

Willian Barclay, uno de los grandes comentaristas históricos de las Escrituras, relata una fábula en la que tres de los aprendices del demonio venían a la tierra para finalizar su aprendizaje. Estaban hablando con Satanás, el jefe de los demonios, sobre sus planes para tentar y arruinar al hombre. El primer demonio dijo:

—Yo sé lo que voy a hacer. Les voy a decir que no hay ningún Dios.

—Eso no va a engañar a nadie. Ellos *saben* que hay un Dios —dijo Satanás.

El segundo demonio dijo:

—Yo les diré que no hay ningún infierno.

—No engañarás a nadie de esa manera —replicó Satanás—, porque el hombre sabe muy en lo profundo de su corazón que hay un lugar llamado infierno y un castigo por el pecado.

—Yo sé lo que haré. Les diré que no hay apuro —dijo el tercer demonio.

—Arruinarás a miles de hombres. El más peligroso de todos los engaños es que el tiempo sobra —dijo Satanás.

A mediados de 1980 yo estaba trabajando en un proyecto acerca del libro Apocalipsis, llamado *Before It Is Too Late*. Encontré una historia referente a un tiempo cuando el noroeste de los Estados Unidos estaba presenciando un cataclismo como ningún otro que nuestra nación haya visto durante muchas generaciones.

El viejo Harry era un hombre terco y en el noroeste se había convertido en una leyenda. Aunque se le había advertido insistentemente que su vida estaba en peligro, él solo se reía. Por lo general las banderas rojas y las señales de peligro se obvian y Harry… bueno, era precisamente una caracterización de esa clase de persona. Él vivía al pie de una tranquila montaña.

Esta montaña había estado tranquila, por lo menos, durante 123 años. A veces se agitaba y botaba ceniza o arrojaba lava desde su enorme cráter. En otras ocasiones miraba hacia abajo por las laderas nevadas y retumbaba una enmudecida amenaza para la gente que exploraba el exuberante bosque y las praderas montañosas que yacían a sus faldas. Algunos pensaban que Pie Grande, la legendaria bestia gigante, acechaba en sus laderas. Pero el monte Santa Helena estaba bullendo por dentro, listo para desatar su furia sobre los incrédulos admiradores. Esta montaña inspiraba pavor y misterio, pero solo amenazaba a los pocos que comprendían su poder.

En marzo de 1980, cerca del monte Santa Helena al suroeste del estado de Washington, se registró un terremoto de 4.1 en la escala de Richter. Los guardabosques recibieron la advertencia del posible peligro debido a avalanchas que podrían atrapar a los esquiadores y montañistas. La mayoría de las personas no se preocupó. El escenario de la montaña era tranquilo y la gente esperaba el momento para restablecerse. La tierra estaba cantando con un nuevo calor.

Entonces, el 27 de marzo, un guardabosques escuchó lo que creyó ser un estruendo sónico. La montaña había entrado en erupción. Los científicos se apresuraron a evaluar el potencial explosivo de la montaña y pintaron un atemorizante escenario de futura destrucción. La gente lo escuchó, pero muchos no comprendieron un desastre de tal magnitud. Es probable que el viejo Harry leyera las noticias mientras comía un solitario desayuno y alimentaba con las sobras a sus dieciséis gatos. «Nadie conoce mejor estas montaña que Harry, y no se atreverá a explotar sobre él», fanfarroneaba.

Pasaron días y semanas. Algunas personas se impacientaron por los informes negativos de los geólogos. La gente dejó de preocuparse por lo que pudiera pasar y deseaba volver a sus negocios habituales. Todos escucharon a los geólogos decir lo que ellos querían escuchar. En realidad no los escuchaban.[2]

Cuando los alguaciles le ordenaron a todos los residentes de las orillas del lago Spirit, en las faldas de la montaña, que evacuaran por su seguridad, Harry, groseramente, dijo: «Aquí, viviendo solo, hago lo que me da la gana. Soy el rey de todo lo que me rodea. Tengo whisky de sobra. Tengo comida para quince años y tengo lo suficiente para vivir a todo andar».[3] Un domingo por la mañana, el 18 de mayo de 1980, la montaña explotó, arrojando roca y ceniza pulverizada a casi 22 kilómetros de altura. La fuerza de la explosión aplanó los árboles, los sacó de raíz y los aplastó como si fueran millones de fichas de dominó regándose desde el cráter. De la vegetación incinerada brotaba vapor, ceniza y gases. Torrentes de lodo inundaron los ríos y transformaron la hermosa tierra de la montaña en un espantoso y carbonizado paisaje. La venganza de la montaña fue 500 veces más fuerte que la bomba nuclear que allanó Hiroshima.

Las advertencias habían terminado. Ya no había tiempo para correr. Nadie volvió a ver a Harry.

¿Una historia atemorizante? Sí… y más. También es una caracterización real de cómo la gente, tercamente, se rehúsa a escuchar la verdad, porque su mente está llena de otras cosas.

No seas una de esas personas.

No quiero que ni un solo lector de este libro deje de conocer a Jesucristo. Quiero que todos pasen la eternidad con el Dios todopoderoso. Si todavía no has confiado en él, ¿por qué no lo haces ahora? ¿Por qué no lo recibes como tu Salvador y Señor en este preciso instante?

Es probable que en este preciso momento la montaña no esté en erupción… pero, ¿puedes sentir el temblor de la tierra?

Segunda parte

El trabajo

Seis

HAZ NEGOCIOS MIENTRAS EL SEÑOR REGRESA

Una de las críticas que a menudo nos hacen a los que creemos en el arrebatamiento e inminente regreso de Jesucristo es que tales creencias nos llevan a una vida de holgazanería e indolencia.

Después de todo, *sabemos* que él va a regresar. Sabemos el final de la historia. Hemos leído el último capítulo del libro. ¿Por qué debemos enredarnos en los caóticos asuntos de este mundo pasajero? ¿Por qué debemos ensuciar nuestra ropa en las peleas a puño limpio de las «guerras culturales» y la lucha por una sociedad más justa y moral? ¿Por qué no nos tomamos de la mano, entonamos canciones, leemos salmos y esperamos lo inevitable?

Una y otra vez he escuchado estas exageraciones que básicamente hacen aquellos que creen que nuestra primera tarea como creyentes es «reclamar nuestro dominio perdido» en la tierra. Estas personas insisten en que los evangélicos que creen en el próximo regreso de Cristo han escabullido las responsabilidades que implican este mundo y su gobierno.

Hace pocas semanas sintonicé un programa de opiniones cristianas que se transmite por toda la nación. Al principio no podía creer lo que mis oídos escuchaban. El anfitrión de este programa sencillamente arremetió contra los creyentes evangélicos, especialmente contra los que creen en el arrebatamiento. Su ataque estaba tan lleno de veneno y sarcasmo que casi era más de lo que yo podía soportar.

Su línea de razonamiento era más o menos así: «Ustedes, payasos de la pre tribulación, piensan que los van a sacar de aquí en helicópteros, así que están dispuestos a sentarse y dejar que el mundo se deslice al destrozo y la ruina porque *creen* que de todas formas no van a estar aquí. Se contentan con no poner las manos al fuego y esperar el arrebatamiento. ¡Qué sorpresa les espera!»

La «sorpresa» a la cual se refiere es su creencia de que los creyentes deben soportar la tribulación, que Cristo no liberará a su novia redimida del juicio y la ira que caerán sobre el mundo.

Yo tengo (por lo menos) tres problemas con este argumento. Primero, me molesta el tono de superioridad. Aunque es posible que este anfitrión de radio crea con toda sinceridad lo que dice, su manera de comunicarlo necesita algo de trabajo. La amargura y el veneno en su lengua no le dan mérito a su posición ni a la de su Señor.

Segundo, pienso que ha creado un hombre de paja para un oponente. Realmente no conozco a nadie que se ciña a esto de «no meter las manos al fuego hasta el arrebatamiento». No pienso haber conocido a nadie que crea que debemos retirarnos de nuestros compromisos debido a la esperanza en su pronta venida.

Por último, definitivamente nuestro Señor Jesús nunca dejó tales instrucciones. De hecho, es todo lo contrario. No soy un hombre de apuestas, pero con gusto tomaría a toda la gente que conozco que cree en el arrebatamiento y los pondría a competir con cualquier otro grupo de creyentes en el mundo. Aquellos que se aferran a la «bendita esperanza», tienen un profundo sentido de urgencia por maximizar su impacto de vida para Jesucristo. ¿Por qué? ¡Porque nos damos cuenta que el tiempo puede ser corto!

En una historia narrada en el libro de Lucas, Jesús usó una frase que resuena en mis oídos. En mi corazón, yo creo que esta debiera ser la señal para todos los creyentes que esperan su venida: «*Hagan negocio ... hasta que yo vuelva*».

Me encanta eso. La «Nueva Versión Internacional» de la Biblia es muy específica cuando dice: «Hagan negocio».

Así es cómo esta frase encaja en su historia: «Así que les dijo: "Un hombre de la nobleza se fue a un país lejano para ser coronado rey y luego regresar. Llamó a diez de sus siervos y entregó a cada cual una buena cantidad de dinero. Les instruyó: 'Hagan negocio con este dinero hasta que yo vuelva'"» (Lucas 19:12-13).

En el libro de Mateo se narra una historia similar. Esta última parábola disipa cualquier idea de que los creyentes permanezcan holgazanes mientras esperan el regreso de su Maestro. En esta apasionante historia, Jesús nos da la clave de nuestras responsabilidades mientras esperamos su venida: «El reino de los cielos será también como un hombre que, al emprender un viaje, llamó a sus siervos y les encargó sus bienes. A uno le dio cinco mil monedas de oro, a otro dos mil y a otro sólo mil, a cada uno según su capacidad. Luego se fue de viaje».

¿Notas la similitud con la primera historia? Lo que Jesús describe debió haber sido una situación bastante común.

El que había recibido las cinco mil fue enseguida y negoció con ellas y ganó otras cinco mil. Así mismo, el que recibió dos mil ganó otras dos mil. Pero el que había recibido mil fue, cavó un hoyo en la tierra y escondió el dinero de su señor.

Después de mucho tiempo volvió el señor de aquellos siervos y arregló cuentas con ellos. El que había recibido las cinco mil monedas llegó con las otras cinco mil. "Señor —dijo—, usted me encargó cinco mil monedas. Mire, he ganado otras cinco mil." Su señor le respondió: "¡Hiciste bien, siervo bueno y fiel! En lo poco has sido fiel; te pondré a cargo de mucho más. ¡Ven a compartir la felicidad de tu señor!" Llegó también el que recibió dos mil monedas. "Señor —informó—, usted me encargó dos mil monedas. Mire, he ganado otras dos mil." Su señor le respondió: "¡Hiciste bien, siervo bueno y fiel! Has sido fiel en lo poco; te pondré a cargo de mucho más. ¡Ven a compartir la felicidad de tu señor!"

Después llegó el que había recibido sólo mil monedas. "Señor —explicó—, yo sabía que usted es un hombre duro, que cosecha donde no ha sembrado y recoge donde no ha esparcido. Así que tuve miedo, y fui y escondí su dinero en la tierra. Mire, aquí tiene lo que es suyo." Pero su señor le contestó: "¡Siervo malo y perezoso! ¿Así que sabías que cosecho donde no he sembrado y recojo donde no he esparcido? Pues debías haber depositado mi dinero en el banco, para que a mi regreso lo hubiera recibido con intereses. "Quítenle las mil monedas y dénselas al que tiene las diez mil. Porque a todo el que tiene, se le dará más, y tendrá en abundancia. Al que no tiene se le quitará hasta lo que tiene. Y a ese siervo inútil échenlo afuera, a la oscuridad, donde habrá llanto y rechinar de dientes" (Mateo 25:14-30).

Así que debes admitirlo: Jesús cuenta buenas historias. ¿Te imaginas a los discípulos asimilando esa parábola mientras él estaba sentado junto a ellos en las soleadas laderas del Monte de los Olivos? La historia encaja de una manera interesante con la secuencia de Mateo 25. Justo antes de narrar esta historia, Jesús contó la parábola de las diez vírgenes: diez jóvenes que no estaban alerta y no se prepararon para el regreso del novio. Como resultado, excluyeron a estas vírgenes de la fiesta de bodas y les cerraron la puerta en las narices.

Esta primera historia destaca la importancia de esperar por el Señor y siempre estar alerta a su regreso. Pero la parábola de los talentos, que es la siguiente, nos enseña qué hacer *mientras* estamos esperando. ¿Cuál es el mensaje? Necesitamos *trabajar*. No se espera que nos sentemos a tomar gaseosas dietéticas y a jugar Monopolio Bíblico. Debemos involucrarnos, energizarnos y hacer negocios para nuestro Señor.

La parábola de los talentos nos advierte que no seamos holgazanes ni pasivos en nuestras vocaciones manifiestas. Nos aconseja que mantengamos nuestros corazones con toda diligencia. Mientras que la primera parábola enfatiza la actitud, la segunda parábola enfatiza la acción. Las dos parábolas nos motivan a estar alertas de su aparición y a trabajar fielmente en la obra de Dios mientras esperamos ese gran día.

El propósito de la historia de los «talentos» es mostrarnos en qué debemos ocuparnos mientras esperamos y anhelamos el regreso de nuestro Señor.

Primero que nada, nota…

El impredecible regreso

El reino de los cielos será también como un hombre que, al emprender un viaje, llamó a sus siervos y les encargó sus bienes (Mateo 25:14).

En aquellos días, los largos viajes de negocios eran inevitables. No había aviones, trenes, taxis ni autos de alquiler. Como resultado, un viaje de negocios a otra nación o a otra ciudad distante significaba semanas de viaje. Pero, ¿qué hacía el dueño de casa o el dueño del negocio mientras estaba fuera? Por lo general, entregaba las responsabilidades de su propiedad a sus siervos de confianza. Esos siervos se encargaban de todos los asuntos mientras el amo hacía negocios en algún otro sitio.

Te digo algo: de yo haber vivido en esa época, ¡habría hecho muchos menos viajes! Viajar es lo suficientemente complicado e inquietante, incluso con los viajes a alta velocidad. Hace poco fui en avión a Cincinati y el piloto nos dijo: «A las 10:24 estaremos en la puerta de embarque de San Diego». Él dijo eso en Cincinnati. Y cuando llegamos a la puerta en San Diego, eran exactamente las 10:24. Miré mi reloj y pensé: *¿Cómo lo logran?* Pero luego tuvimos que esperar diez minutos en el avión, mientras el personal de tierra abría las puertas. ¡Imagínate!

Pero en los días del Nuevo Testamento los medios de transportación no eran tan certeros. Cuando el dueño de casa decía: «me voy a un país lejano», no tenía idea de cuándo regresaría, tampoco sus siervos. Sin embargo, él esperaba que esos siervos estuvieran listos todos los días para su regreso. Cada mañana, cuando esos siervos se despertaban, el amo esperaba que estuvieran listos y disponibles para darle un informe de su administración y de sus actividades. ¡Qué poderoso recordatorio de que tú y yo estamos llamados a servir a Jesucristo durante su ausencia, siempre esperando su regreso, aunque no sepamos cuándo sucederá!

El Señor sí espera que estemos atentos a su regreso; sin embargo, mientras esperamos, debemos seguir trabajando en su nombre.

Nota a continuación que al entregar la responsabilidad de sus bienes durante su ausencia, él dio a sus siervos responsabilidades desiguales.

Las responsabilidades desiguales

A uno le dio cinco mil monedas de oro, a otro dos mil y a otro sólo mil, a cada uno según su capacidad. Luego se fue de viaje (Mateo 25:15).

Eso me interesa. Por dondequiera que voy, escucho a la gente preguntarse por qué Dios hizo algo por tal o cual persona y no lo hizo por ellos. «Es injusto», les escucho decir. «¿Por qué tal o cual persona tiene ese privilegio, esa oportunidad o esa provisión, y a mí no me dio esa oportunidad?»

La dura verdad es que debemos preguntarnos por qué Dios tendría que hacer cualquier cosa por nosotros. Tal y como Jeremías lo escribió: «Por la misericordia de Jehová no hemos sido consumidos, porque nunca decayeron sus misericordias» (Lamentaciones 3:22, RVR 60). La única cosa que «merecemos» es su ira. Y si tenemos cualquier otra cosa, y si se nos da cualquier posición de responsabilidad en lo absoluto, es únicamente por la enorme gracia de Dios. ¿Por qué entonces debemos comparar nuestras habilidades con las de cualquier otra persona?

Me gusta el gentil sarcasmo de Pablo cuando escribió: «No nos atrevemos a igualarnos ni a compararnos con algunos que tanto se recomiendan a sí mismos. Al medirse con su propia medida y compararse unos con otros, no saben lo que hacen» (2 Corintios 10:12).

En la historia de Mateo, Jesús dice: «A uno le dio cinco mil monedas de oro, a otro dos mil y a otro sólo mil». Los «talentos» a los que se hace referencia aquí, no son dones o habilidades espirituales, como lo implica esa palabra en nuestra cultura actual. Un talento era sencillamente una medida monetaria, un término monetario. (Pero no estaríamos desacertados en aplicar este principio a nuestros dones y habilidades.)

Así que a uno le dieron cinco mil monedas de oro [equivalente a cinco talentos], a otro dos mil y a otro solo mil. Por favor, fíjate en esto

1. Los talentos se distribuyeron de acuerdo al criterio del amo

¿Por qué el amo de esa historia dio diferentes cantidades a cada uno? Jesús no da una razón. Sencillamente lo hizo por ser quien era. De la misma forma, Dios hace lo que hace por ser quien es. ¿Quién lo va a cuestionar? ¿Quién le va a preguntar «por qué hiciste esto o aquello»?

Cuando Dios nos da un encargo o una responsabilidad, siempre está de acuerdo a su criterio, a su determinación. Mi amigo, ese pensamiento debe llenarte de alabanza y adoración para el todopoderoso Dios por *cualquier cosa* que tú poseas. Porque todo lo que tú tienes proviene de su mano.

No obstante, de esa misma manera tú puedes mejorar lo que él te da. Yo les he dicho a mis hijos que las habilidades atléticas son un regalo de Dios; lo que tú *haces* con esas habilidades, es el regalo que a su vez tú le haces a Dios. Pero el regalo original proviene de él, ¿no es así? Eso es lo que leemos en 1 Corintios 12:11: «Todo esto lo hace un mismo y único Espíritu, quien reparte a cada uno según él lo determina».

Romanos 12:6 habla de tener «dones diferentes, según la gracia que se nos ha dado».

En 1 Corintios 4:7, el apóstol pregunta: «¿Quién te distingue de los demás? ¿Qué tienes que no hayas recibido? Y si lo recibiste, ¿por qué presumes como si no te lo hubieran dado?»

Esa es una buena pregunta, ¿verdad? Si Dios te lo dio, ¿por qué te vuelves todo un engreído, pensando que de alguna manera lo hiciste tú mismo? *Dios* nos dio esos talentos.

Entonces, esta es la historia. El terrateniente se va lejos y entrega a sus siervos diferentes inversiones. Uno tiene cinco. Otro tiene dos. Otro tiene uno. Alguien podría decir: «eso no me parece justo». ¡No caigas en esa trampa! ¿Quiénes somos para decir si Dios es o no es «justo»? Dios da de

Pasar la luz

acuerdo a su propio juicio y su juicio es correcto. Nota una segunda verdad respecto a esta repartición.

2. Los talentos se entregaron de acuerdo a la capacidad de administración

La Biblia nos dice que los talentos se dieron «a cada uno conforme a su capacidad». El hecho es que Dios sabe quiénes somos y qué podemos manejar. Y, por lo tanto, de acuerdo a eso que él sabe que somos capaces de hacer por el poder del Espíritu Santo, él llena la vasija que se necesita llenar.

¿Recuerdas el concepto de negocios que floreció hace algunos años, conocido como «El Principio Peter»? Las palabras originales del autor, L. Peter, eran las siguientes: «En una jerarquía, cada empleado tiende a ascender hasta llegar a un nivel profesional de incompetencia».[1] En otras palabras, la gente tiene la tendencia de que las asciendan más allá de sus propias capacidades. Comienzan sabiendo lo que están haciendo y tienen un buen manejo de sus tareas. Sin embargo, cuando las ascienden, ¡la cosa se les va de las manos! Dios no hace eso. Él nunca asciende a nadie más allá de su propia capacidad.

Dios no solo da sus dones de acuerdo a su voluntad y de acuerdo a la capacidad administrativa del individuo, sino que también se nos dan para que podamos realizarnos.

3. Los talentos se entregaron con el fin de preparar completamente a cada hombre

La persona que recibió los cinco talentos, no era más «completa» que el hombre de los dos talentos o el de un talento. Lo que tengamos de Dios —si él nos lo dio y él sabe que es perfecto y apropiado para nosotros—, será suficiente para realizarnos. Igual que el amo dejó a sus siervos a cargo de varias porciones de su propiedad, también Dios nos ha dado, a cada uno, lo que necesitamos para cumplir su propósito en nuestras vidas. ¡Todos tenemos lo que Dios desea que tengamos!

Ahora tienes el cuadro completo. El terrateniente se fue y les dio a sus tres siervos cosas específicas que administrar. Él se fue camino abajo sobre su burro y desapareció en la distancia. Ahora… ¿qué deben hacer esos siervos? Ellos deben disciplinarse para continuar actuando y haciendo negocios, como si el amo estuviera con ellos.

No es fácil seguir siendo responsables cuando el jefe no nos está observando por encima de los hombros, ¿verdad? No es fácil mantener la rutina cuando no tienes que levantarte a tal o cual hora o marcar una tarjeta en el reloj. En este caso, el jefe no podía supervisar a los siervos por teléfono, por fax ni por correo electrónico. Los siervos simplemente estaban a cargo de hacer su trabajo; él tenía que confiar en ellos para que actuaran a favor de sus intereses. Y cada uno de estos empleados respondió. Dos respondieron de una manera y uno respondió de otra.

La respuesta inusual

¿Cómo respondió cada uno de estos hombres a la confianza que su amo les concedió?

1. Los hombres fieles duplicaron su dinero

«El que había recibido las cinco mil fue enseguida y negoció con ellas y ganó otras cinco mil» (Mateo 25:16). ¡Nada mal! Eso es una ganancia de cien por cien. Eso es «hacer negocios», ¿verdad?

¿Qué hizo el otro hombre?

«Así mismo, el que recibió dos mil ganó otras dos mil» (v. 17). Él también duplicó el dinero del amo. Esa es una buena inversión, una buena administración.

¿Cuál de ellos fue mejor? En realidad, los dos hicieron lo mismo. Tomaron lo que tenían y lo incrementaron en idéntica proporción. ¿Quién tenía más? El que tenía cinco, pero él también comenzó con más. ¿Quién tenía menos? Aquel que tenía dos, pero él comenzó con menos. Él tomó lo que tenía, lo mejoró y lo convirtió en algo más.

Pero, ¿qué sucedió con el tercer hombre?

2. El hombre infiel escondió su dinero

«Pero el que había recibido mil fue, cavó un hoyo en la tierra y escondió el dinero de su señor» (v. 18). Este último empleado no hizo absolutamente nada con su inversión. Tenía tanto miedo de perderla que probablemente tomó su pala de una esquina de la propiedad y en la oscuridad de la noche *enterró* ese solitario talento.

Casi puedo ver a este timorato. Todas las mañanas, cuando paseaba al perro, pasaba frente al lugar donde había enterrado el dinero... solo para asegurarse de que no lo hubieran tocado. «Todavía sano y salvo», se decía. «Tranquilo, ¡el jefe va a estar muy orgulloso de mí! No gasté ni un centavo de lo que me dio. Lo coloqué todo en la tierra y lo cubrí. Cuando él regrese, voy a cavar para sacarlo y entregárselo en cuanto entre por la puerta. ¡Se va a poner tan contento!»

Pero ese hombre tenía el enfoque equivocado. Los hombres fieles duplicaron sus inversiones. El infiel acaparó su inversión. ¿Acaso su amo estaría en verdad complacido? Todos estamos a punto de descubrirlo.

La recompensa única

Su señor le respondió: "¡Hiciste bien, siervo bueno y fiel! En lo poco has sido fiel; te pondré a cargo de mucho más. ¡Ven a compartir la felicidad de tu señor!" (Mateo 25:21).

Yo he enseñado esta parábola una y otra vez, y no puedes pasar por alto estas tres cosas. Había un *elogio*, un *ascenso* y una *invitación*.

Los dos siervos que duplicaron el dinero de su amo fueron llamados a su presencia. Él les elogió que hicieran negocios mientras estaba de viaje: ellos tomaron sus inversiones iniciales y las multiplicaron. Como resultado, cada uno de ellos recibió un importante ascenso. «¡Hiciste bien, siervo bueno y fiel! En lo poco has sido fiel; te pondré a cargo de mucho más».

Mi amigo, ¿alguna vez pensaste que la manera en que lleves los negocios del Señor en este mundo y en la actualidad, determinará la clase de administración que tendrás en el reino venidero? ¿Alguna vez consideraste eso? Quizás en el Milenio tú seas el alcalde de Chicago o de Los Ángeles. No sé cuál será tu tarea. Lo que sí sé es que la forma en que lleves tu responsabilidad *ahora*, tendrá un impacto directo en la responsabilidad que tendrás *entonces*.

Para mí, ese pensamiento es una de las claves más grandes para la administración de la Palabra de Dios. He escuchado a la gente decir una y otra vez: «Si tú le das al Señor, él te retribuirá. Tú das una pequeña palada y él te devuelve una enorme. Es imposible superar a Dios». Eso es verdad. Yo creo eso. Sin embargo, pienso que la razón principal por la que la gente que da al Señor termina recibiendo más, es debido a que ¡Dios ve que son capaces de manejar lo que él ha puesto en sus manos!

Él toma nota de su fidelidad, aumenta su capacidad y aumenta su responsabilidad. Así es como funciona.

Así que, mi amigo, si quieres tener más —en esta vida o en la siguiente— será mejor que manejes lo que ya te ha dado con tanta fidelidad como puedas. Las personas en las que Dios confía más son aquellas que han probado ser fieles en lo poco.

El reproche impensable

Es probable que te sientas un poco identificado con el temor que expresó el hombre de un talento. En Mateo 25:24 él dijo: «Señor —explicó—, yo sabía que usted es un hombre duro».

¿Un hombre duro? Yo diría que este hombre había probado ser una persona muy generosa y equitativa. Pero este tercer siervo en realidad no conocía a su amo. Ese fue su primer problema. Tal vez este también sea tu problema. Si no conoces al Señor, si no sabes la clase de Maestro que es, nunca vas a confiar en él.

El hombre sigue diciendo: «Señor —explicó—, yo sabía que usted es un hombre duro, que cosecha donde no ha sembrado y recoge donde no ha esparcido. Así que tuve miedo».

En otras palabras, «Señor, no confiaba en ti». Si no confías en tu Señor, es un hecho que no invertirás tu tiempo y energía para servirle. Este hombre falló porque no lo conocía y, por lo tanto, no confiaba en su amo.

Pero su señor le contestó: "¡Siervo malo y perezoso! ¿Así que sabías que cosecho donde no he sembrado y recojo donde no he esparcido? Pues debías haber depositado mi dinero en el banco, para que a mi regreso lo hubiera recibido con intereses. "Quítenle las mil monedas y dénselas al que tiene las diez mil" (vv. 26-28).

¿Cuál es el resultado de este fracaso? Él fue condenado. ¿Y por qué lo condenaron? Él no había malgastado los bienes de su amo, como el injusto administrador de Lucas 16. Tampoco había gastado todo lo que tenía en una vida desenfrenada, como el joven de Lucas 15. Él no tenía una deuda de diez mil talentos, como el inmisericorde siervo en Mateo 18. Él no había hecho ninguna de esas cosas. El asunto no fue que él hiciera algo malo. El asunto fue que *no hizo nada*.

En ese punto es donde se encuentran muchas personas del pueblo de Dios en el reino actual. No es que estén haciendo cosas malas o mermando la obra de Dios. El problema es que no están haciendo prácticamente nada. En la familia de la Iglesia Comunitaria de Shadow Mountain hablamos de esto continuamente. Lo llamamos nuestro «problema laboral». El 80% de la gente está animando al 20% de los exhaustos obreros. «¡Muy bien! ¡Sigan adelante! ¡Tres hurras! ¡Lógrenlo!»

Yo creo que si permitiéramos que la verdad de esta parábola se afianzara en nuestros corazones, todos estaríamos «completamente empleados», haciendo lo que pudiéramos hasta que nuestro Señor y Maestro regrese y nos pida cuentas. No es momento para no hacer nada. ¡Es hora de ocuparnos en el todopoderoso Dios como nunca antes! Es la hora de usar cada don y habilidad que él nos ha dado en gracia para hacer que progrese su Palabra y voluntad en nuestro mundo.

«Bueno», dirás, «eso es fácil para ti. Eres predicador y escritor. Sabes hacer lo que se espera que hagas. Pero yo *no* sé qué se espera que yo haga».

Mi respuesta sería: «¿Qué puso Dios en tus manos? ¿Qué te ha dado? ¿Cuáles son tus oportunidades?» Si eres cristiano, tú (¡sí, tú!) tienes un don especial de Dios-Espíritu Santo. Estos dones usualmente siguen un trayecto que puedes identificar en tu propia vida. Es posible que tengas el don de ayudar, el don de la misericordia o el don de la enseñanza y la exhortación. O el don de la administración. Yo sé que Dios me dio el don de la enseñanza y *yo hago todo lo que puedo para multiplicar ese don, para manejar ese don y para utilizarlo con todo mi corazón.* Si no hago esas cosas, soy un siervo infiel e improductivo, y un día el Señor me pedirá cuentas.

Realmente aprecio la paráfrasis de J.B. Phillips de Romanos 12:6-8. ¡Escucha esta emocionante lista de imperativos!

> Por medio de la gracia de Dios tenemos diferentes dones. Si nuestro don es la predicación, prediquemos hasta el límite de nuestra visión. Si es servir a otros, concentrémonos en nuestro servicio; si es la enseñanza, entreguemos todo lo que tenemos a nuestra enseñanza; y si nuestro don es estimular la fe de otros, entreguémonos a ello. El hombre que está llamado a dar, que dé libremente; permite que el hombre en autoridad trabaje con entusiasmo; y permite que el hombre que tiene compasión por su prójimo en desgracia, lo ayude con buena disposición.

Mi amigo, usa lo que Dios te haya dado como don. Administra ese don, hazlo trabajar, hazlo crecer, desarróllalo, practícalo y, por la gracia de Dios, multiplícalo. Lo que Dios te haya dado como una habilidad, devuélvesela como una habilidad mejorada, manejándola con todo tu corazón. En esto consiste esta parábola.

Tú dirás: «Está bien, Jeremiah, ¿cómo se espera que sea un empleado provechoso? Específicamente, ¿qué se espera que yo haga?» Como ya dije, dedícate a los aspectos para los cuales Dios te ha preparado de manera única para servir. Pero en caso de que todavía no sepas dónde empezar, me gustaría añadir tres imperativos bíblicos más, que se aplican a todos y cada uno de nosotros, no importa cuáles sean nuestros dones.

Tres lugares para comenzar

¿Te preguntas dónde colocar tu remo en la obra del Señor? Permíteme que te indique tres lugares para comenzar. Si haces estas tres cosas en el poder del Espíritu, no puedes —repito, *no puedes*— equivocarte. Y también creo firmemente que al entregarte a la obra del Señor, él te dirigirá y te guiará de una manera más específica dentro de lugares únicos de servicio para su nombre y su gloria.

1. Debemos ocuparnos de preparar a los creyentes

¡Y, en el proceso, prepararnos nosotros mismos! Saber que Jesucristo regresará en cualquier momento, te cambia la forma en que vives. Como lo dijo uno de mis amigos: «Si supieras que en cualquier momento el Señor Jesús va a salir de entre las nubes y entrar directo a tu vida, ¿no lo cambiarías todo?» ¡Por supuesto que sí!

En su primera carta, el anciano apóstol Juan escribió estas palabras: «Queridos hermanos, ahora somos hijos de Dios, pero todavía no se ha manifestado lo que habremos de ser. Sabemos, sin embargo, que cuando Cristo venga seremos semejantes a él, porque lo veremos tal como él es. *Todo el que tiene esta esperanza en Cristo, se purifica a sí mismo, así como él es puro*» (1 Juan 3:2-3, énfasis del autor).

El próximo regreso de Cristo debe aumentar nuestra santidad y rectitud ante el todopoderoso Dios.

Nota esta misma verdad en algunos versículos seleccionados de 2 Pedro 3:

> Ya que todo será destruido de esa manera, ¿no deberían vivir ustedes como Dios manda, siguiendo una conducta intachable y esperando ansiosamente la venida del día de Dios? Ese día los cielos serán destruidos por el fuego, y los elementos se derretirán con el calor de las llamas ... Por eso, queridos hermanos, mientras esperan estos acontecimientos, esfuércense para que Dios los halle sin mancha y sin defecto, y en paz con él. Tengan presente que la paciencia de nuestro Señor significa salvación, tal como les escribió también nuestro querido hermano Pablo, con la sabiduría que Dios le dio (vv. 11-12, 14-15).

Pedro está diciendo que el Señor Jesús podría llegar en cualquier momento. Y yo debo buscar en mi corazón que si en verdad creo eso, que si en verdad comprendo eso, debo concentrarme completamente en eso, esto cambia mi manera de vivir. En un capítulo anterior, vimos con gracia las antiguas actitudes de «no querer que me atrapen en un cine» cuando el Señor regrese. Pero no queremos hacer un chiste de esa actitud hasta el punto en que perdamos el énfasis de *vivir cuidadosamente* a la luz de su venida. *Sí* importa lo que él nos encuentre haciendo cuando atraviese las nubes. Alguien ha especulado que una de las razones por las que Dios tendrá que secar lágrimas de nuestros ojos en su presencia (Apocalipsis 21:4), será por causa de nuestro dolor y vergüenza debido a la forma en la que él nos encuentre al momento de su llegada.

Aquí hay un segundo énfasis. No solo se espera que estemos preparando a los creyentes...

2. Debemos ocuparnos de evangelizar a los perdidos

En Hechos, capítulo 1, los discípulos estaban reunidos alrededor del Señor resucitado, justo antes de que él ascendiera al cielo ante sus ojos. ¿Qué prioridades les dejó en esa despedida final?

Entonces los que estaban reunidos con él le preguntaron:

—Señor, ¿es ahora cuando vas a restablecer el reino a Israel? [¿Te suena familiar? ¿Cuándo, Señor, cuándo?]

—No les toca a ustedes conocer la hora ni el momento determinados por la autoridad misma del Padre —les contestó Jesús—. Pero cuando venga el Espíritu Santo sobre ustedes, recibirán poder y serán mis testigos tanto en Jerusalén como en toda Judea y Samaria, y hasta los confines de la tierra. Habiendo dicho esto, mientras ellos lo miraban, fue llevado a las alturas hasta que una nube lo ocultó de su vista (Hechos 1:6-9).

Saber el preciso momento de su llegada no es importante. Lo importante es declarar su nombre y su salvación, cerca y lejos. A tu familia y en tu ciudad. A tus vecinos. A todo el mundo. Jesús dice: «No me pregunten acerca de tiempos y temporadas, ocúpense y hagan el trabajo».

Muchos de nosotros nos vimos atrapados en las especulaciones referentes a los virus informáticos durante 1999 y lo que el cambio del milenio podía significar para nuestra nación y el mundo. Incluso, algunos hicieron grandes preparativos o cambios en su estilo de vida. Y eso está bien; no me opongo a las precauciones y preparaciones. Pero en el proceso, no perdamos de vista el fuerte énfasis de nuestro Señor. El tiempo preciso de este evento y el evento en sí, simplemente no son importantes. Lo que realmente cuenta es llevar tanta gente al cielo como nos sea posible.

Permíteme hacerte una pregunta: ¿Tienes a alguien en tu familia inmediata o extendida que aún no ha llegado a conocer a Cristo como salvador? Esa debe ser una de las primeras cosas que debes colocar en tu lista de oración. ¿Oras por esa persona?

Tú dirás: «Bueno, Jeremiah, ¿por qué no lo haría?» Te diré por qué no lo harías. Porque tú y yo estamos tan ocupados, tan involucrados, tan preocupados, tan atados a tantas actividades buenas y valiosas, que le damos a la oración una baja prioridad. Las semanas y los meses pasan pronto y de repente te das cuenta que ni siquiera recuerdas cuándo fue la última vez que oraste por ese ser amado que todavía no es salvo.

Hay una tercera prioridad.

3. Debemos ocuparnos de motivar a la iglesia

Es posible que poseas el don espiritual de la motivación, pero si no lo tienes, ¡debes practicarlo motivando a otros de cualquier forma! Hebreos dice esto claramente en el capítulo 10: «Preocupémonos los unos por los otros, a fin de estimularnos al amor y a las buenas obras. No dejemos de congregarnos, como acostumbran hacerlo algunos, sino animémonos unos a otros, y con mayor razón ahora que vemos que aquel día se acerca» (vv. 24-25).

Antes, en el mismo libro, el autor dice: «Más bien, mientras dure ese "hoy", anímense unos a otros cada día, para que ninguno de ustedes se endurezca por el engaño del pecado» (Hebreos 3:13).

Mi amigo, si estás convencido en tu corazón de que Jesucristo puede regresar en cualquier momento, debes ser un campeón de la motivación. Hazlo con palabras. Hazlo con llamadas telefónicas. Hazlo con correos electrónicos. Hazlo con abrazos, palabras, oración, flores, regalos, sonrisas y aplausos sinceros. ¡Pero hazlo! ¡Él regresará pronto!

Entonces, ¿qué tenemos en nuestros platos mientras esperamos su inminente regreso?

Edificar a los creyentes

Alcanzar al perdido

Motivar a los demás con todo nuestro corazón

¿Es ese suficiente «trabajo» para empezar? ¿Te mantendrá eso ocupado durante un tiempo? Si alguno de ustedes se quedara sin algo que hacer en alguna de esas tres categorías, escríbanme a *Turning Point Ministries*, ¡seguramente tendré una o dos ideas más!

Trabaja mientras esperas

Creer en el inminente regreso de Jesús no es simplemente cuestión de «esperar», por importante que esto sea. Es más bien cuestión de «*trabajar*». Trabajar arduamente. Trabajar fielmente. Trabajar en el poder, el gozo y la plenitud del Espíritu Santo. Cuando trabajas de esa manera, nunca sabes lo que Dios puede estar planeando. Nunca sabes cuál podrá ser tu siguiente tarea en el reino.

Alguien me preguntó qué me gustaría estar haciendo cuando el Señor regrese. Eso es fácil. Me gustaría estar parado detrás de mi púlpito ante mi rebaño, declarando, explicando y aplicando la Palabra de Dios. Para mí, no hay nada mejor. No hay gozo mayor.

Y a ti, ¿qué te gustaría estar haciendo cuando él regrese? ¿Dónde te gustaría estar cuando la trompeta suene, cuando el arcángel grite y cuando, con un solo parpadeo, seamos cambiados y enviados a las nubes para encontrarnos con él?

¿Qué te ha encomendado hacer?

Hazlo.

Haz negocios mientras el Señor regresa.

Siete

EVANGELIZA MIENTRAS EL SEÑOR REGRESA

Las últimas palabras se deben escuchar.

A menudo la gente guarda para el final sus instrucciones más importantes, sus pensamientos más profundos, sus preocupaciones más trascendentales y sus expresiones más sentidas.

Pancho Villa, el famoso bandido mexicano, debió haber sabido que se estaba muriendo. Le pidió a uno de sus compatriotas que se acercara y le susurró al oído: «¡Di que dije algo!» y luego murió. ¡Historia verdadera! El hombre tenía una idea correcta, el problema es que simplemente no tenía nada que decir.

Oscar Wilde, el célebre autor irlandés cuyo ingenio y depravado estilo de vida le llevaron eventualmente a la ruina, estaba dando un último sorbo de una botella de champán prestado. «Estoy muriendo como he vivido, más allá de mis posibilidades», anunció. Entonces, mirando atentamente alrededor de la habitación, el quebrantado y desgraciado escritor bromeó: «Este papel tapiz me está matando; uno de los dos tendrá que irse».[1]

Él se fue.

Sin embargo, las últimas palabras de un hombre o de una mujer, dichas antes de pasar a la eternidad, muchas veces pueden ser de extrema importancia. Una persona moribunda a veces puede tener una mirada de lo que el futuro le depara, ya sea la gloria del cielo o el terror del infierno.

Tal vez recuerdes cuando eras un niño y tus padres, desde la puerta, te daban las últimas instrucciones antes de dejarte con los abuelos o una niñera. Tu papá o tu mamá se arrodillaban frente a ti, te miraban directamente a los ojos y te decían las cosas con mucha claridad para que no perdieras ni una sola palabra. Era algo como: «haz esto, recuerda hacer aquello, sé bueno, te queremos».

El Espíritu Santo no se perdió la oportunidad de grabar las últimas palabras de Jesús antes de dejar esta tierra. Como es de esperarse, esas palabras son profundamente importantes. Tanto en el Evangelio de Mateo como en el libro de los Hechos leemos las instrucciones finales del Señor para los discípulos —y para todos los que le seguimos— antes de perderse de vista.

¡Imagínatelo! Tenemos por escrito las mismas palabras que el Hijo de Dios pronunció antes de ascender a la diestra de su Padre en el cielo. Y estas son las palabras, probablemente más que cualquiera otras, que Jesús deseaba que resonaran en los oídos de sus discípulos cuando él partió.

Él no dijo: «organicen un comité de acción política».

Él no dijo: «recuerden trabajar por la justicia y visualizar la paz mundial».

Él no dijo: «sean tolerantes los unos con los otros», «salven las ballenas», «celebren la diversidad» o «realicen actos ocasionales de bondad».

Él no dijo: «ármense y tomen el dominio de Roma».

Lo que *sí* dijo fue tan claro como la brillante luz del sol en una mañana despejada. No hay nada oscuro ni borroso en referencia a sus instrucciones finales.

Entonces los que estaban reunidos con él le preguntaron:
—Señor, ¿es ahora cuando vas a restablecer el reino a Israel?
—No les toca a ustedes conocer la hora ni el momento determinados por la autoridad misma del Padre —les contestó Jesús—. Pero cuando venga el Espíritu Santo sobre ustedes, recibirán poder y serán mis testigos tanto en Jerusalén como en toda Judea y Samaria, y hasta los confines de la tierra (Hechos 1:6-8).

Estas palabras tienen eco en la Gran Comisión que dio Cristo en Mateo 28:

Los once discípulos fueron a Galilea, a la montaña que Jesús les había indicado. Cuando lo vieron, lo adoraron; pero algunos dudaban. Jesús se acercó entonces a ellos y les dijo:

—Se me ha dado toda autoridad en el cielo y en la tierra. Por tanto, vayan y hagan discípulos de todas las naciones, bautizándolos en el nombre del Padre y del Hijo y del Espíritu Santo, enseñándoles a obedecer todo lo que les he mandado a ustedes. Y les aseguro que estaré con ustedes siempre, hasta el fin del mundo (vv. 16-20).

¿Qué hacer?

¿Es en realidad tan difícil para ti y para mí entender lo que el Señor quiere que hagamos mientras esperamos su regreso? ¿Es acaso ciencia aeroespacial? ¿Es verdaderamente confuso y misterioso?

En realidad, esto no podría ser más simple. Sus palabras son muy claras, no importa qué versión de la Biblia escojamos. Las creemos o no; las obedecemos o no. Estas últimas palabras de nuestro Señor son la *primera* preocupación de todo creyente. A medida que estudias la Biblia, resulta interesante notar que estas palabras no son solo su énfasis final, él las recalcó desde el mismo principio de su ministerio.

En Mateo 4:19, hablando a aquellos que un día ayudarán a fundar la iglesia, él dijo: «Vengan, síganme —les dijo Jesús—, y los haré pescadores de hombres». A través de su ministerio de tres años y medio él reveló su corazón en repetidas ocasiones en referencia a este asunto.

En Lucas 19:10, él le dice a Zaqueo y a las multitudes: «Porque el Hijo del hombre vino a buscar y a salvar lo que se había perdido».

En Marcos 10:45, cuando Santiago y Juan se presentaron ante él para solicitar lugares de prominencia en el reino, Jesús usó su propia vida como ejemplo y les dijo: «Porque ni aun el Hijo del Hombre vino para que le sirvan, sino para servir y para dar su vida en rescate por muchos».

Cuando Jesús dio su gran mensaje sobre el pan de vida en Juan 6, declaró que él había venido del cielo, no a hacer su voluntad, sino la voluntad de Aquel que le envió. Y entonces añadió: «Y ésta es la voluntad del que me envió: que yo no pierda nada de lo que él me ha dado, sino que lo resucite en el día final» (Juan 6:39).

En la famosa reunión nocturna de nuestro Señor con Nicodemo, Jesús le dijo al asombrado fariseo: «Como levantó Moisés la serpiente en el desierto, así también tiene que ser levantado el Hijo del hombre, para que todo el que crea en él tenga vida eterna» (Juan 3:14-15).

En Juan 10:10, nuestro Señor dijo: «El ladrón no viene más que a robar, matar y destruir; yo he venido para que tengan vida, y la tengan en abundancia».

Cualquiera que escucha, incluso casualmente, las palabras del Señor Jesús, entiende rápidamente la pasión de su corazón. Esa es la razón por la cual, aunque estudiemos temas proféticos en las Escrituras, debemos ser muy cuidadosos de no permitir que las preocupaciones del final de los tiempos nos distraigan de la gran pasión del corazón de nuestro Señor. ¿Recuerdas lo que Jesús les dijo a sus discípulos en Hechos? «—No les toca a ustedes conocer la hora ni el momento determinados por la autoridad misma del Padre —les contestó Jesús—» (1:7).

El libro que sostienes en tus manos da fe de mi profundo interés en la profecía. Me gusta seguir las noticias del mundo y mantener mis ojos muy abiertos en busca de señales de su venida. Pero, mi amigo, podríamos dejarnos arrastrar por estos asuntos y caminar junto a la gente que no conoce a Jesucristo. Estos temas podrían volvernos tan absortos que dejaríamos de estar conscientes de los no cristianos que están al otro lado de la calle, o incluso en la misma habitación con nosotros.

Si el Señor Jesús estuviera parado detrás del púlpito de tu iglesia este domingo, ¿qué crees que diría acerca de fijar fechas y hacer nefastas predicciones? ¿Qué habría dicho él en cuanto a la locura de que el mundo terminaría en el año 2000? Yo pienso que él repetiría lo que dijo, tanto al inicio como al final de su ministerio. Pienso que repetiría las últimas palabras que dijo antes de regresar al cielo. Él diría algo como esto: «Hombres y mujeres, aprendan todo lo que puedan sobre el futuro. Estén atentos a las señales de mi regreso. *Pero no lo olviden, ustedes son mis testigos.* Les he dicho que vayan al mundo y lleven el mensaje de salvación a todo hombre, mujer y niño».

Mi amigo, si la escatología enterrara al evangelismo, sería un entierro indigno. La semana pasada me sentí abrumado al repasar el Nuevo Testamento y leer nuevamente las últimas palabras de nuestro Señor. Antes de su partida él no dijo: «Voy a volver pronto, y asegúrense de tener claros todos los matices proféticos para que puedan verlo correctamente cuando regrese. Revisen todos estos cuadros y todas estas gráficas para proyectar».

No, él dijo: «Regreso a mi Padre y, mis amigos, ustedes son mis testigos ante todo el mundo. Cuento con ustedes para esparcir la Palabra».

Nuestro Señor hizo evidente su profunda preocupación por los perdidos; y no solo por la forma en que habló, sino por la manera en que vivió.

La vida que Jesús vivió

El recorrido de nuestro Señor por la Tierra estuvo salpicado de encuentros con la gente. Tanto en público como en privado. Hombres y mujeres. Niños y ancianos. Ricos y pobres. Los de arriba y los de abajo. Estimados y despreciados. Líderes religiosos y prostitutas. Soldados y recaudadores de impuestos. Sacerdotes y paganos. Durante tres años Jesús escribió un libro sobre evangelismo personal. Todos estos encuentros dan fe de su supremo deseo de ganar y salvar a aquellos que todavía no lo conocían.

Llegado el momento en que Jesús debía seleccionar a los hombres que le seguirían y continuarían con su ministerio, él no les dio a los candidatos un análisis de temperamentos ni les hizo enviar su currículum vitae. Cuando Jesús seleccionó a aquellos que le seguirían, las Escrituras dicen que con mucho cuidado eligió hombres que hicieran lo que él hizo.

Cuando llamó a sus primeros discípulos él no dijo: «Síganme, y los haré fundadores de la iglesia». Tampoco dijo: «Síganme, y los haré expertos en profecía». Desde el primer día en que cada discípulo comenzó a seguir a Jesucristo sabía lo que estaría haciendo. Su llamado era para ser pescador de hombres. Su llamado era ser un evangelista para hablar a otros del Mesías Jesucristo.

Andrés entendió la idea de inmediato. ¿Recuerdas lo que hizo? Las Escrituras dicen que uno de los dos primeros en seguir a Jesús fue «Andrés, hermano de Simón Pedro, era uno de los dos que, al oír a Juan, habían seguido a Jesús. Andrés encontró primero a su hermano Simón, y le dijo: «"Hemos encontrado al Mesías" (es decir, el Cristo). Luego lo llevó a Jesús, quien mirándolo fijamente, le dijo: "Tú eres Simón, hijo de Juan. Serás llamado Cefas" (es decir, Pedro)» (Juan 1:40-42).

En las palabras de Jesús, en su vida, y en los hombres que eligió para que le siguieran, el continuo énfasis del Señor era que se convirtieran en pescadores de hombres.

Momento de hacer una evaluación

Hay asuntos cruciales que considerar cuando contemplamos el enfoque del final de los tiempos. Acabamos de celebrar el amanecer de un nuevo milenio. Debido a la confusión generada acerca de cuál calendario debe seguirse, pocos saben la hora y fecha precisa de la llegada de ese milenio, pero es una gran oportunidad para evaluar nuestras vidas, ¿no es así? Se cumple otro aniversario —agrega o quita unos días o años— de los dos mil años en que Cristo caminó por este mundo. ¿En qué debemos estar pensando al iniciar la primera década de un nuevo siglo? ¿Qué pensamientos deberían ocupar nuestras mentes? ¿Cómo deberíamos responder ante estos transcendentales días?

A veces pienso que necesitamos volver atrás y releer las indicaciones. Necesitamos volver a la simplicidad de lo que Jesús nos dijo que hiciéramos. Es probable que nos hayamos salido un poco del curso. Quizás nos hayamos vuelto demasiado sofisticados para nuestro propio bienestar. Tal vez hayamos olvidado que el plan básico en el corazón de Jesús cuando instruyó a sus discípulos, es *todavía* el plan primario. Y si no volvemos y lo revisamos, si no dejamos que las palabras del Señor vuelvan a penetrar nuestros corazones, es probable que nos encontremos perdidos y sin mejorar en lo absoluto aunque hayamos experimentado la transición del milenio.

Los discípulos sí entendieron bien la idea después que Jesús ascendió. Se necesitó un pequeño codazo angelical para hacerles empezar, pero después de eso siguieron las instrucciones específicas del Señor y regresaron a Jerusalén. Se les había dicho que esperaran hasta que fueran revestidos con el poder de lo alto. Después de Pentecostés, luego de que el Espíritu Santo viniera sobre ellos con poder, salieron a cumplir las órdenes de su ascendido Comandante en Jefe. En solo unos pocos años cumplieron la promesa de Cristo de que harían incluso cosas más grandes que las que él había hecho. Comenzaron con un puñado de hombres y mujeres en el Día de Pentecostés, ese pequeño grupo de discípulos creció y se multiplicó en los siguientes siete años. Su número sumaba por lo menos cien mil almas, y es probable que fuera mucho mayor.

Con razón a los discípulos se les acusó de haber «¡trastornado el mundo entero!» Los líderes religiosos de la época se quejaban de que estos discípulos habían «llenado Jerusalén» con la doctrina de Cristo. La gente decía: «No puedes ir a ninguna parte sin encontrarte con esta charla sobre Jesús».

Tan bien se adhirieron estos primeros seguidores de Cristo al propósito divino que, durante los próximos trescientos años, el poder de ese evangelio poderoso mermó y derrotó al Imperio Romano. A mediados del segundo siglo, uno de los grandes apologistas dijo en referencia a la explosión de la fe cristiana: «Estamos en todas partes; estamos en sus pueblos y en sus ciudades; estamos en su país; estamos en su ejército y en su marina; estamos en sus palacios; estamos en el senado; somos más numerosos que cualquiera».

¿Por qué sucedió esto? Porque por dondequiera que iban estos nuevos creyentes, hablaban de la vida de Jesús y de cómo esta había transformado sus corazones.

La iglesia que fundó Jesús

¿Qué tenía la iglesia primitiva que la iglesia actual no posea?

Tenemos mucha más sofisticación: grandes pantallas, televisión, cadenas de radio, sitios web, material ministerial grabado, hermosas instalaciones, obreros capacitados, instrumentos profesionales… y la lista es interminable. Tenemos recursos. Tenemos herramientas. Tenemos educación. Tenemos prosperidad, comodidad y seguridad. Pero, ¿sabes lo que la iglesia del primer siglo tenía? *Tenía un solo palpitar por el propósito.*

En su carta a los romanos, Pablo escribió: «En primer lugar, por medio de Jesucristo doy gracias a mi Dios por todos ustedes, pues en el mundo entero se habla bien de su fe» (1:8). En otras palabras: «Creyentes romanos, por dondequiera que ustedes van la gente sabe quiénes son. Les precede el mensaje de su fe en Cristo».

El apóstol tuvo un encargo similar para los creyentes en Tesalónica:

> Ustedes se hicieron imitadores nuestros y del Señor cuando, a pesar de mucho sufrimiento, recibieron el mensaje con la alegría que infunde el Espíritu Santo. De esta manera se constituyeron en ejemplo para todos los creyentes de Macedonia y de Acaya. Partiendo de ustedes, el mensaje del Señor se ha proclamado no sólo en Macedonia y en Acaya sino en todo lugar; a tal punto se ha divulgado su fe en Dios que ya no es necesario que nosotros digamos nada (1 Tesalonicenses 1:6-8).

En efecto, Pablo dijo: «Hemos venido a Tesalónica a evangelizar, pero gracias a ustedes, el mensaje ya está aquí. Todo el mundo está hablando de él. No tenemos que decir una palabra. Por dondequiera que ustedes han estado, Jesucristo se ha convertido en el tema de conversación. Ustedes lo han hecho el tema de la actualidad».

El Dr. Ferris Whitesell escribió en una ocasión: «Las iglesias del Nuevo Testamento fueron el sistema neurálgico de la evangelización y, en referencia a esto, se han constituido en un patrón para las iglesias locales de todas partes».[2]

¿Cuánto tiempo ha pasado desde que te sentaste y leíste de principio a fin el libro de los Hechos? ¡Qué fascinante relato! ¡Cómo ardía y crecía esta iglesia! Hace poco revisé el libro de Hechos y saqué algunas de las frases que describen la expansión del evangelio en aquellos días. Se puede sentir el fuerte y constante pulso de la joven iglesia en estas descriptivas frases: «han llenado a Jerusalén» (5:28); «por dondequiera que iban» (8:4); «en todos los pueblos» (8:40); «Todos los que vivían en Lida y en Sarón» (9:35); «por todo Jope» (9:42); «por toda la región» (13:49); «todos los judíos y los griegos… llegaron a escuchar la palabra del Señor» (19:10); «en casi toda la provincia de Asia» (19:26).

Podríamos llamar a esto evangelismo de saturación. Era como verter agua sobre una hoja de papel grueso y observar cómo se esparcía mientras el papel la absorbía hasta tocar cada esquina. Jesucristo era el tema por dondequiera que fueras en el mundo del primer siglo. Su vida, sus palabras, su muerte y resurrección dominaban las conversaciones. La gente se convertía a Cristo por miles, los discipulaban, adoraban juntos y ganaban aun más y más.

Tomemos otras pequeñas frases de Hechos, palabras que describen el incremento numérico de la iglesia: «era un grupo como de ciento veinte» (1:15); «tres mil personas» (2:41); «y cada día el Señor añadía al grupo» (2:47); «cinco mil» (4:4); «Y seguía aumentando el número» (5:14); «la multitud» (5:15); «el número de los discípulos aumentaba considerablemente» (6:7); «muchos creyeron» (9:42); «un gran número creyó» (11:21); «una multitud» (14:1); «un buen número» (17:4); «Muchos… creyeron… y no pocos hombres (17:12); «mucha gente» (19:26); «cuántos miles» (21:20).

¿Qué estaba ocurriendo durante este período de siete años? Comenzó con el Señor Jesucristo y doce sujetos, uno no pasó la prueba. Y como creyeron que su principal propósito en la vida no era hacer dinero, construir edificios, vender libros, influenciar en la política pública, argumentar sobre las profecías, sino hablar de Jesucristo, su fe y gozo generaron olas de impacto a través del mundo.

Cualquiera que me conozca sabe que me encanta la profecía. Yo la estudio, la leo y reflexiono sobre ella, y estoy tan interesado en los sucesos actuales y las señales proféticas contemporáneas como cualquier otro. Pero no puedo escapar de este hecho: si sabemos todo lo que hay que saber sobre profecías y, sin embargo, no tenemos tiempo para cruzar la calle e invitar a nuestro vecino a la iglesia o presentarle al Señor, no estamos siguiendo las últimas instrucciones de Dios.

¿Recuerdas lo que dijo Pablo? «Si tengo el don de profecía y entiendo todos los misterios y poseo todo conocimiento ... pero me falta el amor, no soy nada» (1 Corintios 13:2).

El último mandamiento de nuestro Señor fue su primera preocupación: ir a todo el mundo y declarar su salvación, comprada en la cruz.

Los primeros años de un nuevo siglo no son solo para mirar adelante, sino también para mirar atrás. ¿Cómo nos ha ido? Durante nuestro tiempo hemos presenciado grandes esfuerzos misioneros. La mayoría de nosotros ha vivido durante el más grande alcance misionero en la historia mundial. Pero esta es la verdad, no nos mantenemos al nivel del crecimiento de la población. Todavía hay muchos cientos de millones de personas que nunca han escuchado, ni siquiera una vez, la noticia de que Cristo murió por sus pecados. Y hasta en tu propia ciudad o pueblo hay hombres, mujeres y niños que tal vez sepan acerca de la «iglesia», pero en realidad no saben nada sobre Jesús ni lo que significa recibirle como Salvador.

¿Por qué hemos permitido que este urgente imperativo de nuestro Señor dejara de ser la prioridad número uno en nuestras vidas? ¿Por qué no cumplimos su mandato final? Hay unas cuantas razones que me gustaría que consideráramos.

El problema del delegacionismo

Ni siquiera estoy seguro de que exista la palabra *delegacionismo*, pero veremos si puede pasar el filtro de mis editores.

Ustedes saben qué es delegar. Delegar es mandar a alguien en tu lugar. En el pasado, durante la época de la guerra civil, un hombre adinerado a quien llamaran al ejército podía contratar a un delegado que fuera a la guerra y tomara su lugar en las terribles batallas que dejaban tantas bajas. Quizás tú hayas delegado tu voto en alguna elección empresarial reciente. Un delegado es sencillamente un reemplazo.

En la iglesia de Jesucristo hemos desarrollado el delegacionismo hasta convertirlo en un arte. Se da de la siguiente manera: «si no puedes ir, debes enviar a alguien en tu lugar». Muchos que conocen bastante bien que la evangelización es un mandamiento de Cristo, acallan sus conciencias poniendo un cheque en la canasta de la ofrenda. Por favor, amigo, no dejes de hacer eso pero *apoyar a un delegado evangelista no es lo mismo que ser tú mismo un evangelista.*

Hace algunos años alguien me dio esta definición de una gran iglesia misionera. Una iglesia misionera no es una iglesia misionera por tener un enorme presupuesto para las misiones, ni por enviar a mucha de su gente al campo, ni por ser anfitriona de una conferencia anual sobre misiones, ni por tener un pastor de misiones a tiempo completo. Una iglesia misionera califica como una gran iglesia misionera solo cuando está llena de aquellos *que son misioneros dondequiera que están y por dondequiera que van.* Eso es lo que el Señor tenía en mente. Las misiones institucionales nunca se crearon para sustituir la función de la misión individual en nuestras vidas, y esa es una razón por la cual no estamos alcanzando a las masas en la actualidad.

Yo no creo que Dios quiera que todos vayamos a África o a India. Tal vez ni siquiera a Haití o México o Utah. Pero Dios quiere que todos vayamos alguna parte: a nuestro lugar de negocios, a nuestros vecinos, a nuestros niños, a nuestras comunidades. Él ordenó que todos tengamos un corazón y una pasión por la evangelización. Quizás no ganemos muchos, pero siempre debemos estar atentos a las oportunidades para declarar nuestra fe.

Estamos viviendo en una era de «tolerancia» ultrasensible para cada estilo de vida bajo el sol. La filosofía subyacente de nuestra nación de «relativismo moral», determina que cada serie de creencias es tan válida como cualquier otra. Lo que tú crees es «verdad para ti» y lo que yo creo es «verdad para mí», ¡y pobre de mí si cuestiono la validez de tu «verdad»!

Esa es la filosofía que todos los días lleva a la gente al infierno.

Solo una verdad salva. Solo un evangelio da vida eterna. Solo hay un escape del infierno. Necesitamos ir a hombres, mujeres y niños con el precioso evangelio de Jesucristo y declarar su amor por ellos. El mismo evangelio que obró en la generación de tus padres, obrará ahora porque, según Pablo lo puso: «Es poder de Dios para salvación». Es eternamente relevante. Todavía cambia vidas.

A veces no obedecemos el mandamiento del Señor debido al delegacionismo. ¿Cuáles son otras razones por las cuales no obedecemos su mandamiento?

El problema del profesionalismo

He escuchado esto una y otra vez durante mis años de ministerio pastoral: «Pastor, ¿qué quiere decir con que desea que le hablemos a la gente sobre el Señor? Para eso le pagamos a usted. Ese es su trabajo. Yo nunca fui al seminario. Nunca tuve el llamado ministerial. ¿Cuál es el problema? ¿Necesita un poco más de dinero para hacer el trabajo? Está bien, le daré más dinero y usted sea testigo de Dios».

Pero eso no es lo que dice la Palabra de Dios, ¿verdad? Mi trabajo no es hacer el trabajo del ministerio (aunque yo también soy una oveja y tengo la misma responsabilidad de dar testimonio como cualquier otro). Mi trabajo como pastor-maestro es preparar al pueblo de Dios a realizar el trabajo de evangelismo (ver Efesios 4:11-12). Si el pastor es el único evangelista en tu iglesia, tu alcance será extremadamente limitado. Pero si todos los miembros del cuerpo están preparados y motivados para declarar la salvación de Cristo, el ministerio se multiplica… muchas, muchas veces.

Tú dices: «¿Cómo lo hago?»

Hay numerosos métodos claros y sencillos que puedes aprender y usar si en realidad deseas hacerlo. Destacados folletos pequeños como: *Las cuatro leyes espirituales, El Puente o Pasos hacia la paz con Dios,* pueden ser de gran ayuda para explicar el evangelio. Lleva esos pequeños folletos dondequiera que vayas… en tu bolsillo… en tu cartera… en tu auto… en tu agenda. Esto te ayudará a presentar el mensaje de salvación de una manera sencilla y en secuencia. Entrega estos folletos a la gente de una manera amable. (A propósito, ¡no los dejes en un restaurante en lugar de la propina! Las meseras me dicen que los cristianos hacen eso todo el tiempo y no es ni efectivo ni apreciado. Si planeas dejar una lectura, envuélvela en unos billetes y tal vez lo lean.)

Existe otra manera en la que buscamos eludir el mandamiento de nuestro Señor.

El problema del proteccionismo

Cuando nuestra iglesia dejó su etiqueta de «bautista» y se convirtió en «Iglesia Comunitaria de Shadow Mountain», la gente se preocupó de que los no bautistas pudieran comenzar a asistir. Y yo dije: «¡Maravilloso!» De hecho, nadie sabe de qué denominación era cada uno. ¡Ya no importa! *Todos* son candidatos para el cielo si ponen su confianza en Jesucristo.

Hace mucho tiempo alguien me dijo que cuando lleguemos al cielo nuestras etiquetas no van a importar porque Dios las va a sacar. Y si vas al infierno, ¡se quemarán! Así que deja de preocuparte por las etiquetas.

El problema del pesimismo

«¿Cuál es el objeto?», escucho decir a la gente. «Ellos no creen. La gente solo se ofende». En estos tiempos escuchamos muchas críticas respecto a que los cristianos evangélicos son demasiado agresivos. Como mencioné anteriormente, en la actualidad no es culturalmente correcto evangelizar. Se espera que seas tolerante. Se espera que valores la «honestidad» por sobre todas las cosas. Si todo el mundo es honesto en referencia a lo que cree, eso es todo lo que importa.

¿Alguna vez te has sentido completamente perdido cuando con toda honestidad has estado tratando de encontrar una dirección? La semana pasada me encontré en esa situación. ¡Fue tan frustrante! Yo estaba tratando de encontrar un aeropuerto y creí con seguridad que iba en la dirección correcta. Pero resultó que iba exactamente en la dirección opuesta al aeropuerto. *La honestidad no tiene ningún valor si no se basa en la verdad*. Salomón escribió: «Hay caminos que al hombre le parecen rectos, pero que acaban por ser caminos de muerte» (Proverbios 14:12). Y Jesús no dijo: «Yo soy uno de los caminos». Jesús dijo: «Yo soy *el* camino, *la* verdad y *la* vida … nadie llega al Padre, sino por mí» (Juan 14:6, énfasis del autor).

Amigo, debemos comenzar a creer eso nuevamente. Solo hay un camino al cielo y es a través de Jesucristo. Sin él la gente está *perdida* y no tiene esperanza. «Bueno», dirás, «tienes que diluir un poco el mensaje, porque vivimos en una sociedad multicultural». ¡No, no tenemos que hacerlo! Vivimos en una sociedad llena de gente que necesita al Señor Jesucristo. Rompe con esa basura del relativismo cultural y llévalos hasta el Salvador. Yo creo con todo mi corazón que eso es lo que el Señor le está diciendo a su iglesia al iniciar este nuevo milenio.

Supongamos que de alguna forma sepamos que solo nos queda un año. (No estoy diciendo que sea un año, estoy usándolo como una ilustración.) Supongamos que de seguro sabes que solo queda un año antes que el Señor Jesús llame a su iglesia, dando paso a la Gran Tribulación en la tierra. En tal caso, ¿qué querría el Señor que hiciéramos? ¿Almacenar comida? ¿Ganar mucho dinero? ¿Participar en la política? No, creo que él nos diría: «Amigos, tienen un año para ir de arriba abajo, a lo largo y ancho de esta tierra, con las buenas nuevas de mi salvación y provisión para el pecado. ¡Hablen de ese mensaje como nunca antes! Vendan todo lo que tienen para comprar literatura y entregársela a aquellos que no me conocen. Entreguen todo lo que poseen para que cuando llegue el tiempo en que yo regrese al final de este año, ustedes hayan tocado a todo ser humano al que hayan tenido posibilidad de tocar con el mensaje de Jesucristo, el Señor de la gloria».

Hace años, cuando empecé en el ministerio, recibí una pequeña revista llamada *Pulpit Digest* [Boletín del Púlpito]. Casi no la leí, pero de vez en cuando me encontraba una historia en esta publicación que hacía que la suscripción valiera la pena. Como por ejemplo esta gema:

¿Qué sucedió con el evangelismo?

Se sabe que existió un grupo que se llamaba a sí mismo pescadores. Y ¡quién lo iba a decir!, había muchos peces en las aguas que les rodeaban. De hecho, toda el área estaba rodeada de arroyos y lagos llenos de peces. Y los peces estaban hambrientos.

Semana tras semana, mes tras mes y año tras año, aquellos que se hacían llamar pescadores, se reunían y hablaban sobre su llamado a pescar, de la abundancia de peces y de cómo les iba con la pesca. Año tras año definían cuidadosamente lo que significaba pescar, defendían la pesca como una ocupación y declaraban que pescar es siempre la tarea primaria de un pescador.

Estos pescadores construyeron grandes y hermosos edificios para establecer cuarteles generales para la pesca local. La súplica era que todo el mundo debía ser un pescador y que cada pescador debía pescar. Sin embargo, hubo algo que no hacían: pescar.

Además de reunirse regularmente, ellos organizaban una junta para enviar pescadores a otros lugares donde había muchos peces. La junta la formaban aquellos que tenían una gran visión y coraje para hablar sobre la pesca, para definir la pesca, para promover la idea de la pesca en arroyos y lagos lejanos donde había muchos otros peces de diferentes colores. La junta también contrataba personal, señalaba comités y realizaba reuniones para definir la pesca, para defender la pesca, para decidir en qué nuevos arroyos debía pensarse. Pero ni el personal ni los miembros del comité pescaban.

Se construyeron grandes, elaborados y costosos centros de preparación, su propósito básico y original era enseñar a los pescadores cómo pescar. A través de los años se ofrecieron cursos basados en la necesidad de la pesca, la naturaleza de la pesca, cómo definir la pesca, las reacciones psicológicas de la pesca y cómo acercarse y alimentar a los peces. Aquellos que enseñaban tenían doctorados en «pescología». Pero los maestros no pescaban. Solo enseñaban sobre la pesca.

Todavía peor, los pescadores construyeron enormes imprentas para publicar guías de pesca. Día y noche las prensas estaban ocupadas produciendo materiales completamente entregados a los métodos, equipos y programas de pesca, con el fin de realizar y motivar reuniones para hablar sobre la pesca. Se montó una oficina de voceros para programar conferencias especiales en el tema de la pesca.

Luego de una emocionante reunión sobre «la necesidad de pescar», un joven salió de la reunión y se fue a pescar. Al siguiente día informó haber atrapado dos destacados peces. Lo honraron por su excelente pesca y se programó que visitara todas las grandes reuniones posibles para contar cómo lo hizo. Así que dejó de pescar con el fin de tener tiempo para narrar su experiencia a los otros pescadores. A él también lo colocaron en la Junta General de Pescadores, por considerarlo una persona de gran experiencia. Imagínate cuán heridos se sintieron algunos cuando un día una persona sugirió que los que no pescan, en realidad no son pescadores, sin considerar cuánto afirmasen serlo. No obstante, esto parecía correcto. ¿Es una persona un pescador si pasa año tras año sin atrapar un pez? Después de todo, ¿no estaban ellos siguiendo al maestro que dijo: «Vengan, síganme —les dijo Jesús—, y los haré pescadores de hombres» (Mateo 4:19)? Si uno no está pescando, ¿está siguiendo al maestro?[3]

Yo no escribo libros ni predico sermones para hacer sentir culpable a la gente. Ese no es mi propósito. Cada uno de nosotros, incluyéndome a mí, podría estar haciendo un mejor trabajo en lo que se refiere a hablar a otra gente sobre nuestro Señor. A veces me subo a un avión para venir a casa luego de una conferencia en otra parte del país y estoy sentado junto a alguien que tal vez no conozca al Señor. Es probable que esté cansado durante el vuelo. Quizás tenga una docena de cosas que hacer o escribir antes de llegar a casa. Pero ahí está una persona con la que nunca más estaré durante el resto de mi vida y él o ella está atada al asiento junto al mío.

En ocasiones, el Señor envía una pequeña turbulencia a ese vuelo y el individuo sentado junto a mí le presta más y más atención a la Biblia que he abierto en mi bandeja. Es muy, muy fácil dejar pasar esas oportunidades, ¿verdad? Las palabras de Pablo a los efesios nos colocan a todos en la tarea: «Así que tengan cuidado de su manera de vivir. No vivan como necios sino como sabios, aprovechando al máximo cada momento oportuno, porque los días son malos» (Efesios 5:15-16).

No estoy hablando de atosigar a la gente o molestarla. No es eso lo que debemos hacer. Solo estoy hablando de empezar cada día orando: «Señor, hoy deseo vivir para ti. Y, Señor, si en el día de hoy pones a alguien en mi camino que necesite de ti, ayúdame a percibirlo y ayúdame a hacer lo correcto».

Andrés fue a buscar a su hermano Pedro y le dijo: «Tengo a alguien que deseo que conozcas inmediatamente. Ven conmigo». Y llevó a su hermano ante Jesús.

Así de simple fue.

Todavía lo sigue siendo.

Ocho

otro

EDIFÍQUENSE UNOS A OTROS MIENTRAS EL SEÑOR REGRESA

El final del siglo XX trajo una bola de demolición meciéndose en Norteamérica, y las paredes cayeron a nuestro alrededor.

Fue un tiempo de escándalo, negaciones, recriminaciones, descarada rebeldía y vergüenza nacional. Los que estaban en el pináculo del liderazgo nacional parecían determinados a destrozar todo aquello que fuera importante para el futuro de nuestro país.

Destrozamos la integridad… la verdad… la pureza… la honestidad… y el respeto. Destruimos las mismas cosas que muchos de nosotros ansiábamos reconstruir en nuestra nación. Nuestra población, desde la guerra de Vietnam, no había estado tan dividida ni amargada. Desde programas radiales hasta cartas dirigidas a los periódicos y hasta a las cámaras del Congreso, los norteamericanos parecieron intentar dar su propio giro a estos vergonzosos hechos.

Y en el proceso nos hemos destrozado unos a otros.

Francamente, se parece bastante a la cultura que Pablo profetizó cuando dijo que estaría vigente justo antes del regreso del Señor. La Nueva Versión Internacional lo dice de la siguiente forma:

Ahora bien, ten en cuenta que en los últimos días vendrán tiempos difíciles. La gente estará llena de egoísmo y avaricia; serán jactanciosos, arrogantes, blasfemos, desobedientes a los padres, ingratos, impíos, insensibles, implacables, calumniadores, libertinos, despiadados, enemigos de todo lo bueno, traicioneros, impetuosos, vanidosos y más amigos del placer que de Dios (2 Timoteo 3:1-4).

La destrucción y demolición no se detuvo en el río Potomac. Eso tuvo un efecto dominó que alcanzó a nuestra nación, dividiendo comunidades y socavando muchos de los valores que nosotros apreciamos. Un efecto que continúa esparciéndose aun en la actualidad.

Pero yo quiero escribir sobre algo mejor, una alternativa a esta demolición total. Porque, aunque nosotros no podemos detener la erosión y el quebrantamiento de los valores bíblicos en nuestra cultura antes del regreso de nuestro Señor, *sí* podemos hacer algo para edificarnos unos a otros. De hecho, debemos hacerlo.

«Alimenta mis ovejas»

El capítulo final del Evangelio de Juan describe una de las últimas conversaciones entre el resucitado Señor Jesús y Pedro.

Tal vez recuerdes ese breve y doloroso intercambio. Los discípulos habían estado pescando y, cuando se acercaron a la orilla, se encontraron con el Cristo resucitado. Él los invitó a un apetitoso desayuno, preparado al carbón. Solo unos días antes Pedro había negado a su Señor junto al fuego. Ahora, junto a otro fuego, él sería restaurado. Igual que Pedro había negado a Cristo en tres ocasiones anteriores, ahora se le darían tres oportunidades de confesar su amor por Jesús.

Esa es la parte de la historia que la mayoría de la gente recuerda. Jesús usa una palabra para amor —una fuerte e intensa palabra para amor comprometido— y Pedro, con su confianza hecha trizas, vuelve con una palabra más débil como respuesta. Eso sucede tres veces, hasta que finalmente Jesús mira a Pedro a los ojos y usa la misma débil palabra que Pedro usó y dice: «Simón, hijo de Juan, ¿me quieres incluso como a un amigo?»

La pregunta quebranta el gran corazón del pescador, pero Jesús ni rechaza ni arroja al hombre entristecido. Por el contrario, vuelve a comisionar a Pedro para un servicio en el reino. En términos más claros, le da un trabajo que hacer.

Esa es la parte de la historia que a menudo pasa desapercibida. Cada vez que Pedro respondía al Señor, el Señor le daba una orden fuerte y específica: «Apacienta mis corderos; Cuida de mis ovejas; Apacienta mis ovejas».

¿Entendió Pedro el mensaje? Desde luego que sí, ¿verdad? Años más tarde él tomaría una pluma y escribiría:

> Cuiden como pastores el rebaño de Dios que está a su cargo, no por obligación ni por ambición de dinero, sino con afán de servir, como Dios quiere. No sean tiranos con los que están a su cuidado, sino sean ejemplos para el rebaño. Así, cuando aparezca el Pastor supremo, ustedes recibirán la inmarcesible corona de gloria (1 Pedro 5:2-4).

A veces me pregunto qué diría ahora el Príncipe de los pastores a su iglesia si AT&T pudiera establecer una línea telefónica directa entre la tierra y el cielo. ¿Te lo puedes imaginar? Un domingo cualquiera por la mañana Jesús habla simultáneamente, vía satélite, a las congregaciones de todo el mundo. Tú estás sentado en tu banca, con tu corazón latiendo rápidamente. ¿Qué diría él? ¿Cuáles serían sus instrucciones a medida que la era de la iglesia se acerca a su fin?

¿Diríjanse a las montañas Ozarks con comida suficiente para un año?

¿Levanten sus brazos en angustia?

¿Hagan campañas para que los elijan en un puesto gubernamental?

¿Vayan de una tribuna improvisada a otra, vociferen y denuncien la cultura y sus problemas?

No, tengo la corazonada de que su mensaje sería el mismo que dio antes de ascender al cielo en las afueras de Jerusalén. «Vayan y hagan discípulos de todas las naciones … hasta el fin del mundo». Y después de decir esto, creo que realmente repetiría las palabras que le dijo en tres ocasiones a Pedro: «Apacienta mis ovejas».

En otras palabras, «hermanos y hermanas de la iglesia, ustedes viven en un tiempo de terrible destrucción. Mis ojos no pierden nada. Lo he visto todo. Pero aunque están quebrantando y desmantelando cosas preciosas a su alrededor, ustedes podrían estar en medio de la edificación. ¡Edifiquen mi iglesia! Cuiden de mis ovejas, aliméntenlas. Atiéndanlas. Ámenlas… como yo les he amado a ustedes».

Edificar a su pueblo

No necesitamos una línea telefónica directa, ¿o sí? No necesitamos una conexión satélite con el cielo. Él nos ha dado su inerrante Palabra, que es luz para nuestros pies y una lámpara para nuestro camino. Él nos ha dado su Santo Espíritu para morar dentro de nosotros, iluminando las páginas de las Escrituras, recordándonos todo lo que Jesús nos enseñó.

Y, de esas páginas salta una palabra que habla a nuestra misión como creyentes de una manera clara y específica. Esa palabra es *edificación*.

Es probable que en repetidas ocasiones hayas escuchado ese término, si has pasado suficiente tiempo en los círculos evangélicos. Es uno de esos términos que suenan «espirituales» y que a veces escuchamos en la iglesia. Parece impresionante, pero, *¿qué significa en realidad?*

En verdad es bastante simple. El término griego está compuesto de dos palabras: una significa «casa» y la otra «construir». Así que, edificar significa «construir la casa».

Eso es todo. Construir la casa.

Jesús utilizó el término de un modo literal cuando en Mateo 7:24 dijo: «Por tanto, todo el que me oye estas palabras y las pone en práctica es como un hombre prudente que *construyó su casa* sobre la roca» (énfasis del autor).

De nuevo, en Lucas 6:48, Jesús habla sobre: «un hombre que, al *construir una casa,* cavó bien hondo y puso el cimiento sobre la roca» (énfasis del autor). Volvemos a Mateo 24:1 y vemos que la Biblia usa el término para hablar de los edificios del templo.

Yo nunca olvidaré el proceso de construcción del centro de adoración de nuestra iglesia, aquí en el Cajón. Fue emocionante ver ante nuestros ojos cómo nuestra visión tomaba forma. Incluso ahora, todavía visualizo cada paso del proceso: desde el momento en que la primera retroexcavadora tiró la primera palada de tierra en ese lote vacío, hasta que se colocó la nueva alfombra en el edificio terminado.

Nos emociona construir edificios y verlos tomar forma. Sin embargo, el Nuevo Testamento está mucho más preocupado por la edificación de las personas. Muy a menudo en las Escrituras el término *edificar* se usa en un sentido metafórico que quiere decir «edifíquense unos a otros». Edifiquen el cuerpo de Cristo, edifiquen creyentes. Eso, creo yo, es lo que tú y yo debemos estar haciendo a medida que se acercan los últimos días.

Es una historia triste, pero aquí en nuestra iglesia he conocido muchas personas que dicen: «Por favor, no me pidan que haga nada. Por favor, no me pidan que diga nada. Solo déjenme venir y sanar durante un tiempo. No se pueden imaginar cuán quebrantado estuve en nuestra última iglesia. Necesito tiempo para reforzarme».

Cuando una iglesia no funciona de acuerdo con el patrón de la Palabra de Dios, puede convertirse en uno de los lugares más destructivos. ¡Cómo debe apenar eso el corazón del Maestro Constructor!

De todo corazón deseo que este año de mi vida sea un año para *construir*. No estoy hablando de construcciones físicas, aunque eso también podría aplicarse. Me estoy refiriendo a la construcción del pueblo de Dios. Esa es la pasión de mi corazón. Esa es la razón por la cual me levanto cada mañana. Yo deseo construir —o *edificar*— el cuerpo de Cristo, hasta que él regrese o me llame a casa.

Una de las declaraciones más importantes que hicieron los labios de nuestro Salvador, son las palabras registradas en Mateo 16:18. Él dijo: «sobre esta piedra edificaré mi iglesia, y las puertas del reino de la muerte no prevalecerán contra ella». ¿Estaba hablando Jesús de alguna estructura con piedras, ladrillos y con un campanario en la cúspide? No, él estaba hablando del cuerpo de creyentes en el ámbito mundial.

La iglesia se construye *externamente* por medio de la evangelización. Añadimos gente al cuerpo cuando los bautizamos y se convierten en parte de la iglesia. Pero la iglesia se construye *internamente* por medio de la edificación, de acuerdo a cómo nos fortalezcamos, motivemos y ministremos unos a otros en el cuerpo de Cristo. Y, mi amigo, yo estoy convencido que si alguna vez hubo un tiempo en que necesitáramos concentrarnos en edificarnos unos a otros, ese momento es durante esta era de la historia, cuando los valores, la moral y todo lo queremos parecen estar en subasta.

Seamos francos, cuando caminas en el mundo, te enfrentas a un ambiente que automáticamente te quebranta. Nuestra cultura ya no ve favorablemente a los cristianos. Se atacan nuestras creencias y preocupaciones en las escuelas, en las universidades, en la industria del entretenimiento y en los principales medios de comunicaciones. Allá afuera el mundo es hostil. Nos pueden golpear aunque solo estemos atendiendo nuestras cosas.

Nos reunimos con nuestros hermanos y hermanas para reforzarnos y poder salir nuevamente al mundo y enfrentar los desafíos una vez más. Ese proceso debe ser un objetivo intencional de cada uno de nosotros, o seremos víctimas de nuestra cultura.

En otra caracterización verbal, las Escrituras se refieren a los creyentes como «piedras vivas» en un edificio que el Señor está construyendo. Pedro escribe: «también ustedes son [esos somos tú y yo] como piedras vivas, con las cuales se está edificando una casa espiritual. De este modo llegan a ser un sacerdocio santo, para ofrecer sacrificios espirituales que Dios acepta por medio de Jesucristo» (1 Pedro 2:5).

Nosotros formamos el edificio, somos una entidad viva que abarca cultura y lenguaje, cielo y tierra, tiempo y eternidad. El edificio de nuestra iglesia en el sur de California es un hermoso lugar y nosotros lo queremos. Pero, ¿sabes algo?, la iglesia no está *en* este edificio cuando todos se van. La iglesia no está en nuestro centro de adoración cuando la gente se ha ido. Cuando te vas, la iglesia se va.

La verdadera iglesia no es el edificio, es la congregación. Hombres y mujeres redimidos. Si un domingo tú sacaras a toda la congregación al estacionamiento, la iglesia ya no estaría en el edificio. La iglesia estaría afuera, al aire libre. Pablo les dijo lo mismo a los corintios: «En efecto, nosotros somos colaboradores al servicio de Dios; y ustedes son el campo de cultivo de Dios, son el edificio de Dios» (1 Corintios 3:9).

¿Te das cuenta? ¡Somos el edificio de Dios! Nosotros, por medio de la evangelización, lo construimos externamente cuando añadimos nuevas personas a él. Pero lo construimos internamente cuando fortalecemos, animamos y ministramos a los miembros del cuerpo de forma tal que ellos tengan la fortaleza para servir a Dios en un mundo que es hostil a todo lo que creemos.

¿En qué consiste la edificación?

Es asombroso lo que puedes aprender al estudiar la palabra *edificación* a través de las Escrituras.

No se refiere a ti, se refiere a los santos

Tú y yo estamos llamados a construirnos y fortalecernos unos a otros. Yo estoy llamado a edificarte. Tú estás llamado a edificarme. Debo ser muy cuidadoso para no quebrantarte con mis acciones, inactividad o palabras.

Escuché de un joven predicador que empezó uno de sus mensajes pidiéndole a la congregación una sincera retroacción. «Quiero mejorar en esto», les dijo. «Y cuando haya terminado, espero que me digan cómo me va».

Ahora bien, es algo riesgoso exponerse de esa manera, porque hay quienes encuentran (por alguna razón) un deleite perverso en ser hipercríticos. Ese fue el caso con un anciano que después se acercó al joven para decirle: «Lo primero que tengo que decirle es que *apesta*».

«¡Caramba!», dijo el pastor. «¡Eso es terrible! ¿Puede ser más específico? ¿Puede ayudarme un poco más?»

El anciano se sintió más que feliz al continuar. «Le diré tres cosas», suspiró. «Número uno, usted leyó el sermón. Número dos, lo leyó mal. Y número tres, en primer lugar, ni siquiera valía la pena leerlo».

Eso, mi amigo, no es edificar. Ese malhumorado anciano que pensaba saber tanto, era evidentemente un ignorante (o deliberadamente ignorante) de las palabras de Pedro en Efesios: «Eviten toda conversación obscena. Por el contrario, *que sus palabras contribuyan a la necesaria edificación y sean de bendición* para quienes escuchan» (4:29, énfasis del autor).

Tú nunca olvidarás comentarios críticos como ese. Tienden a resonar en tu cabeza durante los momentos de desaliento. Cuando yo era un joven predicador, mi esposa y yo visitamos una iglesia en Cleveland, Ohio, donde se me había pedido que hablara. En aquellos días se trataba de sacar el máximo posible de un pastor visitante, así que me pidieron que cantara un solo antes de predicar mi mensaje.

Después de eso, se me acercó una señora para decirme: «Te he escuchado predicar bastante. Hijo, necesitas cantar más». Espero que con ese comentario haya tenido buenas intenciones. Pero tengo que decirte, la observación me dejó sin palabras. Esas palabras me dejaron tan devastado que no supe qué hacer. Tú y yo podemos ser muy adeptos a demoler, ¿verdad? Somos expertos en la demolición. Sabemos dónde golpear con el martillo. Sabemos dónde aplicar la palanca. Sabemos dónde depositar la carga de dinamita, aunque destrozar es el polo opuesto de nuestro llamado en las Escrituras.

Quizás tú puedas decir: «Está bien, pero, ¿de dónde sacó ese principio?» Por favor, presta mucha atención a los siguientes versículos: «"Todo está permitido", pero no todo es provechoso. "Todo está permitido", pero no todo es constructivo. Que nadie busque sus propios intereses sino los del prójimo» (1 Corintios 10:23-24).

Pablo está diciendo: «Hay muchas cosas que puedo hacer y que puedo decir. Pero mi primera preocupación no debe ser mi persona, mi primera preocupación debe ser: ¿edificará o destruirá esto a mi hermano o hermana en el cuerpo?»

Ese es el énfasis de la Palabra de Dios: ¡Edifiquen la iglesia! No se desvíen para solo buscar lo que les beneficie a ustedes mismos.

Primera de Tesalonicenses 5:11 dice: «Por eso, anímense y edifíquense unos a otros, tal como lo vienen haciendo». Tú puedes edificarte a ti mismo, hasta cierto punto; pero el plan principal de Dios es que nos edifiquemos unos a otros. Yo necesito tu ayuda y tú necesitas la mía. Yo tengo dones que te benefician a ti; tú tienes dones que me bendicen y benefician. Yo te pido cuentas para evitar que tropieces y tú haces lo mismo por mí.

Ese debe ser nuestro énfasis ahora que entramos al inexplorado territorio de este nuevo milenio. Créeme, nadie, «ahí afuera» en el mundo secular, te va a edificar. Es mejor que lo hagamos en nuestras comunidades locales, en nuestros grupos pequeños y con nuestros amigos creyentes.

Cada palabra que salga de nuestra boca se debe decir con cuidadosa atención, tomando en cuenta quiénes la van a escuchar. Esto no se refiere a mí. Se refiere a los santos.

No es lo que tú profesas, sino lo que persigues

En lo que se refiere a la gente, ¿eres un constructor o un experto en demoliciones? La mayoría de la gente respondería: «Ah, yo soy un constructor. Absolutamente. Soy una persona positiva. Yo no quiero destrozar a los demás».

Sin embargo, para edificar personas es necesario trabajar en eso. No es fácil. Se necesita reflexión y disciplina. Me asombra notar cuán rápido puedo sumergirme en un espíritu de sarcasmo o cinismo (especialmente cuando estoy cansado) con el personal de mi iglesia o en casa con mi familia. Le he estado pidiendo al Señor que me libere de esa tendencia. Sinceramente, no puedo pensar en la utilidad del sarcasmo. En ocasiones, cuando estás en un ambiente cómodo con compañeros o amigos, se hacen comentarios punzantes que van y vienen, ellos dicen algo, tú les respondes y todo es para «divertirse», ¿verdad?

Sin embargo, nunca sabes, a veces la gente le da mucho más peso a tus palabras, incluso a las que se dicen en broma, de lo que tú te imaginas. Quizás uno o dos meses más tarde te enteres que algunos de los comentarios que hiciste llegaron al corazón de alguien. Tú «solo estabas bromeando», pero el comentario llegó a una herida abierta y *dolió*. Y esa herida puede comenzar a enconarse.

Es fácil lastimar a alguien cuando uno está bromeando y se dicen cosas a la ligera. Es algo que hacemos en nuestra cultura. Si no nos sentimos seguros donde estamos, pensamos que podemos superarnos pisando al que falló. Pero la Biblia nos dice: «Por lo tanto, esforcémonos por promover todo lo que conduzca a la paz y a la mutua edificación. No destruyas la obra de Dios» (Romanos 14:19-20).

¿Notaste esto? *Sigamos* esas cosas. *Busquémoslas.* En otras palabras, tenemos que hacerlo *intencionalmente.* No sucederá accidentalmente. Tú no te levantas una mañana para pasar el día edificando a todo aquel con quien te encuentres. Tienes que estar de rodillas ante Dios y pedirle que te llene con su Espíritu. Tienes que pedirle que te muestre las oportunidades. Tienes que estar lleno de la Palabra de Dios y comenzar a ver a la gente como individuos que necesitan que los edifiquen. Y después, ¡tienes que salir y hacerlo! Las buenas intenciones no benefician a nadie.

Una de mis recreaciones favoritas, durante los últimos años, ha sido observar el equipo de baseball «los Padres» de San Diego. Me siento en el Estadio Qualcomm, me sirvo un perro caliente y durante un momento me olvido de todas mis preocupaciones y presiones. Una de las cosas que más me asombra es ver la concentración de estos jugadores profesionales. ¿Alguna vez viste a un jardinero lanzarse por una bola justo dentro de los límites del campo de juego? Es poesía en movimiento. Sus ojos están fijos en la pequeña pelota que gira hacia él a gran velocidad, se estira y se pone en posición para agarrarla, a veces sacrificando su cuerpo en el proceso.

Así es cuando tú buscas un objetivo espiritual como edificar a tus compañeros creyentes. Se necesita concentración. Se requiere enfoque. A veces, necesitas luchar en contra de las inevitables distracciones e interrupciones. Pablo escribió al joven Timoteo: «Al partir para Macedonia, te encargué que permanecieras en Éfeso y les ordenaras a algunos supuestos maestros que dejen de enseñar doctrinas falsas y de prestar atención a leyendas y genealogías interminables. Esas cosas provocan controversias en vez de llevar adelante la obra de Dios que es por la fe» (1 Timoteo 1:3-4).

Es fácil desviarse, ¿verdad? Todas las semanas recibo cartas de personas que desean que me involucre en una variedad de programas, comisiones, proyectos, juntas y tareas. Yo trato de leer estas solicitudes con un buen corazón. La verdad es que podría quedar atrapado en tal o cual asunto, en esta o aquella causa justa, hasta el punto de solo hacer eso. Pero solo soy una persona y no puedo concentrarme en muchas cosas al mismo tiempo. Yo debo mirar todas estas cosas usando como filtro aquello que Dios me llamó a ser. Dios me llamó a enseñar su Palabra y a edificar a la gente por medio de su verdad. Si gasto toda mi energía marchando, discutiendo y sentado en comisiones, no seré capaz de hacer lo que Dios me llamó a hacer.

Todos nosotros enfrentamos miles de desafíos, opciones y decisiones. Debemos sentarnos e intencionalmente decir: «No, no puedo hacer eso.

No porque no lo desee, sino porque debo decir no a eso para decir sí a esto».

Recuerdo una palabra que descubrí hace poco: *posterioridades*. ¿No es esta una gran palabra? «Posterioridades», es lo opuesto a «prioridades». «Posterioridades» son todas las cosas que tú *no* vas a hacer, ¡en el orden en el que tú no las vas a hacer! ¿No es ese un pensamiento maravilloso? Si quieres buscar paz y hacer cosas que edifiquen a los creyentes, deberás tener una buena lista de «posterioridades».

Eso es lo que Pablo le estaba diciendo a Timoteo: No te involucres en todas esas cosas. No te enredes en interminables controversias y en argumentos sin sentido y que no hacen otra cosa que dividir. Involúcrate en las cosas que edifiquen el cuerpo de Cristo. Usa esto como tu filtro cuando tomes las decisiones para planificar tu agenda diaria. ¿Edifica esto a los hombres y a las mujeres? ¿Edifica esto a la iglesia? Si no… ¿realmente tengo que buscar tiempo para eso?

En uno de sus libros acerca de la familia, Patrick Morley describió una ocasión en la que un enojado conocido lo acorraló:

—Traté de llamarte el otro día, ¡pero tu número de teléfono *no está en la guía!*

—Sí —respondió.

—Bueno, tenía un asunto ministerial importante que deseaba comentar contigo. ¡No puede ser que tengas un número de teléfono privado! ¿Cómo puedes ser cristiano y tener un número telefónico privado?

—Es muy fácil —respondió Morley—. Todo lo que tienes que hacer es llamar a la compañía de teléfonos y decirles lo que deseas, ellos se ocupan de todo lo demás.

—Mira, hasta las 6:00 p.m. estoy dispuesto a morir por ti —añadió luego—. Pero a partir de las 6:00 p.m., solo muero por mi familia. Y la única manera de saber que vamos a tener tiempo para nuestra familia es ponerla en la agenda como cualquier otra cita. Prefiero ser un don nadie en el mundo y ser alguien para mis hijos.[1]

Mi amigo, eso es tener un enfoque. Eso es querer edificar tu familia. ¡Y eso es trabajo arduo! Probablemente sea el trabajo más arduo que hagamos. Si quieres ser un constructor, debes comenzar por fijarte eso como tu propósito y decir: «Por la gracia de Dios, por su poder, seré uno que construya. No seré uno que destruya».

No es cuánto sabes; es cuánto te importa

Primera de Corintios 8:1 dice: «En cuanto a lo sacrificado a los ídolos, es cierto que todos tenemos conocimiento. *El conocimiento envanece, mientras que el amor edifica*» (énfasis del autor).

La edificación no depende de cuán listo seas. No depende de cuántos cursos hayas tomado en la escuela, de cuántas clases de seminario tengas bajo el brazo, ni de cuántos libros impresionantes hayas leído. La edificación comienza básicamente en el corazón, cuando abres tus ojos y ves personas por las que te preocupas, y encuentras maneras para amarlas y motivarlas.

Cuando a ti te lastiman, comienzas a ver a la persona lastimada bajo una nueva luz. Te descubres viendo a la gente herida con una actitud completamente nueva. Mi encuentro con el cáncer cambió para siempre mi manera de ver a la gente adolorida. Y eso es preciosamente lo que Pablo dijo que sucedería en la segunda carta a los Corintios:

> Alabado sea el Dios y Padre de nuestro Señor Jesucristo, Padre misericordioso y Dios de toda consolación, quien nos consuela en todas nuestras tribulaciones para que con el mismo consuelo que de Dios hemos recibido, también nosotros podamos consolar a todos los que sufren. Pues así como participamos abundantemente en los sufrimientos de Cristo, así también por medio de él tenemos abundante consuelo (2 Corintios 1:3-5).

Hablar del ánimo de Jesús tiene poco que ver con el conocimiento y mucho que ver con la inclinación del corazón.

No son tus dones, son tus objetivos

Me alegro de los libros, seminarios y exámenes que ayudan a la gente a descubrir sus dones espirituales. Creo que todo el mundo tiene un don y debe estar consciente de este y de cómo ponerlo en práctica. Pero una vez que tengas eso claro, *no olvides para qué sirve.*

Algunos tratan sus dones espirituales como mi nieto trata su pelota de fútbol. Él piensa que la pelota es el centro de su universo. Cuando me ve, dice: «pelota», porque yo juego a la pelota con él cuando está a mi alrededor. Cuando está viendo una revista y mira algo redondo, dice «pelota». No hace mucho vio un enorme tanque de agua en una ciudad de Florida y dijo: «pelota». A veces pienso que el niño tiene ideas fijas. Por supuesto, su padre y su abuelo saben que apenas está empezando su camino hacia una profesión muy americana.

Cuando crezca, él descubrirá que es muy difícil jugar fútbol solo y que en realidad necesita a alguien con más habilidad que el abuelo. Aprenderá que el fútbol, el béisbol o el fútbol americano, son juegos de equipo y que el verdadero gozo viene al buscar el objetivo de ganar siendo parte de un equipo.

Es triste que algunos cristianos nunca aprendan esa lección sobre la vida cristiana. Ven sus dones espirituales como si fueran para su propio uso y gozo. Nunca parecen comprender que la sensación de realización más grande como creyente, es ver cómo Dios está usando su don espiritual para mejorar el cuerpo de Cristo y edificar un equipo ganador para su honor y gloria.

El apóstol realmente se saca los guantes con dos pasajes que hacen referencia a este asunto. Él no deja ninguna duda en referencia a su pensamiento. En 1 Corintios 14:12, dice: «Por eso ustedes, ya que tanto ambicionan dones espirituales, procuren que éstos abunden para la edificación de la iglesia». Eso es bastante claro, ¿verdad? No tienes que estudiar ese versículo ni leer un comentario para entender lo que quiere decir.

Más adelante, en ese capítulo, escribe: «¿Qué concluimos, hermanos? Que cuando se reúnan, cada uno puede tener un himno, una enseñanza, una revelación, un mensaje en lenguas, o una interpretación. Todo esto debe hacerse para la edificación de la iglesia» (1 Corintios 14:26). Pablo estaba diciendo: «Cuando se reúnan, no se consuman pensando cómo van a usar tal o cual don. Tu don no es lo importante, lo importante es tu objetivo con relación a ese don. ¿Qué vas a hacer con él?»

El don en sí mismo debe ser incidental. Una persona no debe andar por ahí diciéndole a la gente cuál es su don. ¿Te imaginas a un hombre en la construcción, corriendo de un lado a otro con un enorme y brillante martillo, diciéndoles a los obreros cuán dotado es él con ese martillo, cuán bueno es en acertar martillazos y cuán realizado se siente cuando toma ese martillo? ¡Absurdo! Si traes un martillo a la construcción, comienza a clavar algunos clavos. Y si no hay clavos que martillar, haz a un lado el martillo y agarra una sierra. O comienza a llevar paquetes de tejas al techo. O recoge la basura. Simplemente haz algo. ¿Por qué? Porque hay una construcción que se debe levantar y el tiempo puede ser corto.

No hay tiempo para una preocupación egoísta en referencia a los dones. En esta cultura hostil donde se destruye a los creyentes en la puerta de sus casas, necesitamos colocar todas nuestras energías en edificar el cuerpo de Cristo. Todo gira alrededor del objetivo. No gira alrededor del don.

No es tu sabiduría, es su Palabra

¿Cómo sabemos por dónde empezar este importante proceso? ¿Dónde colocas esa primera plancha o clavas ese primer clavo? ¿Cómo puedes asegurarte que estás más involucrado en el proceso de construcción de lo que estuviste el año pasado o el año antepasado?

Es probable que te preguntes: *¿Cómo voy a cambiar esto? Yo sé que he sido negativo. Yo sé que digo cosas que no debo y en ocasiones arruino a la gente. Lo he hecho durante años. ¿Qué puedo hacer?*

Amigo, no te sientas como el Llanero Solitario. Como ya mencioné, yo tengo mi propia batalla con el sarcasmo y los comentarios mordaces. Nuestra cultura está empapada de esto. Es lo que está en las noticias. Es un hábito de vida para millones de personas con quienes nos codeamos diariamente. Es muy fácil verse atrapado en la corriente y simplemente dejarse llevar por ella, hablando y comportándose como todos los demás.

¿Dónde aprendo cómo ser un mejor constructor? Una de mis escenas favoritas de todo el Nuevo Testamento es el encuentro de Pablo con los ancianos efesios en la playa de Mileto. Él sabía que nunca más se encontraría con estos hombres, así que les dio el siguiente consejo: «Ahora los encomiendo a Dios y al mensaje de su gracia, mensaje que tiene poder para edificarlos y darles herencia entre todos los santificados» (Hechos 20:32).

¿Cómo logras estar edificado hasta el punto de poder edificar a alguien más?

Mi amigo, necesitas el Libro.

Lee la Biblia. Estúdiala. Memorízala. Medita en ella. Si no estás usando tu tiempo en la Palabra de Dios, casi puedo asegurarte que arruinarás tu propia vida, y podrías arruinar la vida de los que están a tu alrededor. La Palabra de Dios es el combustible que te ayuda a ser un constructor. Así es como te edificas, para que a la vez puedas edificar la vida de los demás (Judas 20-21).

Complazcamos al Maestro constructor

Nos necesitamos unos a otros. Necesitamos la fortaleza, ayuda, motivación, sabiduría, advertencia y consejo de los demás. La creciente hostilidad de nuestra cultura y la demolición absoluta de los antiguos fundamentos santos de nuestra nación debieran unirnos como nunca antes.

¿Qué debemos estar haciendo mientras esperamos su venida? Debemos edificarnos unos a otros.

Como su pueblo, estamos para levantarnos unos a otros por medio de la oración, compartiendo nuestros medios materiales y saliendo de nuestro camino para ofrecer, de todo corazón, amistad y un genuino esfuerzo por satisfacer las necesidades de los demás.

Las Escrituras dicen «edifica». Construye la casa.

Y mientras tú te ocupas de edificar la vida de alguien más, encontrarás que tu propia vida se está reparando, restaurando y remodelando.

El Maestro Constructor lo ve todo… ¡y está complacido!

Nueve

BUSCA TU RECOMPENSA MIENTRAS EL SEÑOR REGRESA

Todos los años, cuando nuestros hijos eran pequeños, solíamos meter en el auto a toda la tribu Jeremiah para salir de vacaciones. Siempre disfrutábamos de esos momentos juntos en familia, pero como padres jóvenes, a Donna y a mí nos angustiaban las constantes riñas en el asiento posterior.

Si eres padre, sabes exactamente a lo que me refiero. No habíamos recorrido muchos kilómetros cuando comenzábamos a escuchar voces descontentas, acusaciones y contraacusaciones, llantos y lamentos, que rebotaban en el asiento delantero.

—¿Ya llegamos?

—Papi, tengo que ir de urgencia.

—¿Cuánto falta?

—¡No, eso es mío! ¡Suéltalo!

—¡No es tuyo! ¡Mamá, dile que lo suelte!

—Yo estaba sentado en la ventana, y esta vez también me voy a sentar ahí.

—¡Él me tocó el codo!

—¡Ella respiró sobre mí!

Toda esa clase de cosas y mil variaciones más. Después de un rato, esas escaramuzas en el asiento trasero comenzaban a arrebatar el gozo de las excursiones familiares.

Así que mi inventiva esposa puso en marcha un ingenioso programa. Nunca olvidaré el primer día en que lo puso en operación. Las vacaciones, después de ese día, nunca fueron lo mismo.

Estábamos empacando el auto para un viaje en el que atravesaríamos todo el país cuando Donna llamó a los niños a la sala y los puso en fila. Luego tomó su cartera y sacó unos rollos de moneditas, rollos de veinticinco centavos para los niños mayores y de diez centavos para los menores. Le entregó el botín a los niños, que estaban boquiabiertos ante su repentina riqueza.

Esto, les explicó Donna, era su dinero para gastar durante las vacaciones. Pero antes de que pudieran saltar de alegría, añadió su única condición. Ella tendría el privilegio de *recuperar* el dinero, una moneda a la vez, si ellos no se comportaban en el auto como se les ordenara.

Por supuesto, los chicos tenían que probar ese sistema. ¿Sería mamá realmente capaz de mantener esas condiciones?

Sí, por supuesto que lo hizo. No habíamos ido muy lejos, cuando la escuché decirle a uno de los chicos menores: «Está bien, me debes diez centavos. Entrégamelos».

«¿*Qué*?» la vocecita era incrédula. «¿Qué quieres decir?»

«Tú sabes muy bien lo que quiero decir. ¿Recuerdas nuestro trato? Dame diez centavos. Ahora».

Así que diez centavos regresaron (de una manera muy renuente) a su cartera. Pero no pasó mucho tiempo antes de que unas cuantas monedas de veinticinco centavos comenzaran a pasar al asiento del frente.

Y entonces… las cosas comenzaron a cambiar. En muy corto tiempo descubrimos quiénes eran los verdaderos negociantes de la familia. Se hizo evidente a quién le importaba más quedarse con esas monedas. Por lo menos dos de nuestros hijos cambiaron radicalmente su mentalidad en cuanto a lo que harían o dirían dentro del auto. Nunca en mi vida había visto a esos dos tan quietos, tan silenciosos y calmados. Se hicieron de oídos sordos a las ofensas y se resistieron a que los provocaran. Estaban determinados a vencer el sistema y quedarse con el dinero.

Sí, por fin la familia Jeremiah había encontrado el secreto de la tranquilidad durante el viaje. Ese secreto se conoce como «¡Recompensa!» Aunque, honestamente, Donna y yo fuimos los que cosechamos los beneficios. La paz y la armonía reinaron en el auto como nunca antes.

¿Sabías que las recompensas también son una parte importante del plan de Dios para sus hijos? Yo conozco mucha gente —gente piadosa— que se siente incómoda discutiendo este tema. Me imagino que la razón es que de solo pensar en recompensas futuras, se despliega una motivación indebida o inferior. Ellos piensan que debemos trabajar arduamente, mantenernos puros y entregar nuestras vidas solo por amor a Dios.

Comprendo lo que quieren decir, pero la Biblia no muestra tal timidez. De hecho, las Escrituras están *llenas* de verdades sobre las recompensas. Y no se sonrojan al hablar de ellas en el contexto de nuestras motivaciones.

Conclusión, Dios recompensa a sus siervos. Hacerlo lo complace y lo deleita y creo que un cuidadoso estudio de las Escrituras revela que él *quiere* motivarnos mediante la consideración de estas recompensas.

El sistema de recompensas del cielo

A través de las páginas de este libro, ahora que estamos dando un paso hacia un nuevo milenio, a un nuevo futuro, hemos considerado las advertencias finales de nuestro Señor, sus palabras de esperanza y motivación. Uno de esos maravillosos desafíos aparece cerca del final del último libro de la Biblia. El Señor Jesús dice: «¡Miren que vengo pronto! Traigo conmigo mi recompensa, y le pagaré a cada uno según lo que haya hecho» (Apocalipsis 22:12).

Cuando el historiador clásico Gibbon buscó determinar por qué el cristianismo floreció durante los días del Imperio Romano, encontró cinco razones importantes:

1. El fervor de los primeros cristianos.
2. Su creencia en las recompensas futuras.
3. El poder de los milagros.
4. La moral pura de los cristianos.
5. La organización compacta de la iglesia.

¿Te fijaste en el número dos en la lista de Gibbon? Este historiador mencionó que una de las principales razones por las que los creyentes gozaron de tal éxito durante la ascendencia de Roma, fue *su fuerte creencia en las recompensas futuras.*

Desde que empezamos este estudio juntos, hemos escuchado a nuestro Señor Jesús urgirnos a tomar acciones mientras esperamos su regreso. Él nos ha dicho: «Hagan negocios mientras regreso. Evangelicen. Edifiquen. Trabajen, ¡porque la noche se avecina!» De ninguna manera Dios desea que su pueblo esté sentado, atrapado en los matices, detalles y cronología del regreso de Cristo. Él desea que estemos ocupados. Y con el fin de energizarnos en el servicio al Rey, él ha establecido un sistema de recompensas. Nosotros debemos pensar cuidadosamente en esas recompensas. De hecho, a él le complacería que lo hiciéramos.

De niño, cuando asistía a la iglesia de mi padre, recuerdo lo importante que solían ser las recompensas por asistir a la Escuela Dominical. ¿Lo recuerdas tú? Si ibas a la Escuela Dominical, sin faltar durante muchas semanas, te daban una insignia para llevar en tu camisa, vestido o chaqueta. Y luego, de vez en cuando, podías ganar insignias adicionales por asistir una semana tras otra.

Cuando caminabas por la iglesia podías ver esas cosas brillando en la ropa de la gente. Algunas de esas cadenas de insignias llegaban a ser tan largas, que te comenzabas a preguntar si alguien podría tropezar con ellas en camino a la iglesia. Recuerdo que algunos las usaban para exhibirse, mostrando sus medallas como un general ruso retirado.

Estoy seguro que hubo domingos en los que esos condecorados se sentían tan mal que ni siquiera querían venir a la iglesia, pero ¡hey!, cuando tienes una tira de cinco años y medio de insignias, no quieres romperla solo por estar enfermo. Así que se arrastraban hacia la iglesia de cualquier forma… ¡e infectaban a todos los demás!

Sin embargo, las recompensas del cielo van infinitamente más allá que insignias o rollos de veinticinco y diez centavos. De hecho, aunque pudiéramos enumerar los versículos bíblicos por docenas, nunca podremos entender en esta vida cuán maravillosos y deseables serán esas recompensas celestiales. Como escribió Pablo: «Ningún ojo *ha visto*, ningún oído ha escuchado, *ninguna* mente humana ha concebido lo que Dios ha preparado para quienes lo aman» (1 Corintios 2:9, énfasis del autor).

Aun así, es bueno para nosotros enfocarnos en estos versículos. Escucha algunas de estas afirmaciones bíblicas que describen el sistema de recompensas de Dios.

Dirá entonces la gente: «Ciertamente los justos son recompensados; ciertamente hay un Dios que juzga en la tierra» (Salmos 58:11).

Que tú, Señor, eres todo amor; —que tú pagarás a cada uno según lo que merezcan sus obras (Salmos 62:12).

Cuando llegamos al Nuevo Testamento, resulta obvio que el Señor Jesús le hablara con frecuencia a sus discípulos sobre las recompensas.

Les aseguro que cualquiera que les dé un vaso de agua en mi nombre por ser ustedes de Cristo no perderá su recompensa (Marcos 9:41).

—Les aseguro —respondió Jesús— que todo el que por mi causa y la del evangelio haya dejado casa, hermanos, hermanas, madre, padre, hijos o terrenos, recibirá cien veces más ahora en este tiempo (casas, hermanos, hermanas, madres, hijos y terrenos, aunque con persecuciones); y en la edad venidera, la vida eterna (Marcos 10:29-30).

Alégrense y llénense de júbilo, porque les espera una gran recompensa en el cielo. Así también persiguieron a los profetas que los precedieron a ustedes (Mateo 5:12).

El libro de Hebreos nos da estas fuertes y motivadoras palabras:

Porque Dios no es injusto como para olvidarse de las obras y del amor que, para su gloria, ustedes han mostrado sirviendo a los santos, como lo siguen haciendo. Deseamos, sin embargo, que cada uno de ustedes siga mostrando ese mismo empeño hasta la realización final y completa de su esperanza. No sean perezosos; más bien, imiten a quienes por su fe y paciencia heredan las promesas (Hebreos 6:10-12).

Es imposible leer la Biblia sin encontrarse con las recompensas. «Sí», dirán algunos, «pero la Biblia no está hablando de recompensas como las entendemos en la actualidad. Se refiere a algo totalmente diferente».

¿*Totalmente* diferente? No estoy seguro de eso. Sí, estas recompensas estarán más allá de nuestra comprensión, pero ciertamente Dios desea que las comprendamos lo suficiente como para estar enormemente motivados. ¿Por qué otra razón nos lo diría?

¿Quieres saber el significado hebreo de «recompensas»?

Es RECOMPENSAS.

¿Qué dice la palabra en griego?

Dice RECOMPENSAS.

La Biblia no se está refiriendo a algún concepto místico más allá de nuestra comprensión. Cuando dice recompensas, quiere decir *recompensas*. El pago por algo que se ha realizado. Algo precioso y deseable que se entrega por servicios rendidos.

Por supuesto, no significa que te *deban* algo. No significa el pago justo. No significa que te paguen diez dólares la hora por un trabajo que vale diez dólares la hora. No, es más bien hacerse acreedor del premio de diez millones de dólares de la lotería *Publishers Clearing House* [Casa promotora de subscripciones a revistas]. ¿Acaso el ganador hace algo para *ganar* ese dinero? No. Pero, ¿tiene él que calificar para recibirlo? Sí. ¿Tiene que seguir las reglas y hacer lo que las instrucciones le digan con el fin de ganar? Sí. ¿Acaso llenar los formularios y enviarlos a tiempo hace que el afortunado *gane* su dinero? ¿Acaso ha hecho él suficiente trabajo para que le deban todo ese dinero? Claro que no. Pero lo que hizo lo calificó para el premio, un premio muy fuera de proporción al trabajo que él realizó.

Eso es lo que la Biblia quiere decir por recompensas.

El Nuevo Testamento habla de un muy bien definido sistema, Dios recompensará a su pueblo luego del arrebatamiento de la iglesia. Uno de los primeros eventos que ocurrirá en el cielo después del arrebatamiento, será el tribunal o *bema*, de Cristo, donde todos los creyentes se presentarán ante el Señor. Esto no será para determinar dónde pasaremos la eternidad. Ese tema ni siquiera estará en discusión, porque ya está decidido. En el tribunal tú y yo nos presentaremos ante nuestro Señor y nos juzgarán con una mirada puesta en las recompensas.

La Biblia nos dice que luego de llevar la iglesia al cielo, ya sea por arrebatamiento o por la resurrección, los creyentes, como individuos, se juzgarán por sus obras realizadas en el cuerpo como cristianos. En ese momento se entregarán recompensas especiales.

Esto no es solo una clara enseñanza del Antiguo Testamento, sino una de las doctrinas favoritas del apóstol Pablo. Por ejemplo, en Romanos 14:10 leemos: «Tú, entonces, ¿por qué juzgas a tu hermano? O tú, ¿por qué lo menosprecias? ¡Todos tendremos que comparecer ante el tribunal de Dios!».

¿Quién va a comparecer ante el tribunal de Cristo? Un hermano, un cristiano, el tribunal no es para los no creyentes.

En 2 Corintios 5:10, leemos nuevamente: «Porque es necesario que todos comparezcamos ante el tribunal de Cristo, para que cada uno reciba lo que le corresponda, según lo bueno o malo que haya hecho mientras vivió en el cuerpo».

En 1 Corintios, capítulo 3, que es el pasaje central referente a esta verdad, leemos las siguientes asombrosas palabras:

Porque nadie puede poner un fundamento diferente del que ya está puesto, que es Jesucristo. Si alguien construye sobre este fundamento, ya sea con oro, plata y piedras preciosas, o con madera, heno y paja, su obra se mostrará tal cual es, pues el día del juicio la dejará al descubierto. El fuego la dará a conocer, y pondrá a prueba la calidad del trabajo de cada uno. Si lo

Seldom
pocas veces
aqui por
rarely

que alguien ha construido permanece, recibirá su recompensa, pero si su obra es consumida por las llamas, él sufrirá pérdida. *Será salvo, pero como quien pasa por el fuego* (vv. 11-15 énfasis del autor).

Permíteme dejar claro el escenario. La Biblia nos dice que en el futuro habrán dos juicios importantes. El primero es el que ya vimos, el tribunal de Jesucristo. Este se realizará en el cielo durante el tiempo de la tribulación en la tierra, inmediatamente después del arrebatamiento.

Entonces, después que se terminen los mil años del reinado de Cristo en la tierra, habrá el juicio en el Gran Trono Blanco. En ese momento (¡terrible de contemplar!), se juzgará a los no creyentes por su pecado y por su rechazo a la gracia de Dios y la salvación en Cristo.

¡No confundas estos dos hechos! Ni un solo incrédulo se presentará ante el tribunal de Cristo. El juicio de los incrédulos se reservará para más adelante, en el gran trono blanco.

Este texto que hemos estudiado, 1 Corintios 3:11-15, es uno de los pasajes más malinterpretados de toda la Biblia. Por ejemplo, nuestros amigos católicos usan este pasaje como base para su doctrina del purgatorio. Ellos enseñan que el fuego purificará a la gente en la siguiente vida y les hará dignos del cielo. Nuestros amigos modernistas citan este pasaje como evidencia de que una persona alcanza el cielo en virtud de sus buenas obras. Si esa persona realiza suficientes buenas obras, atravesará el fuego y, si no… (Yo no puedo evitar preguntarme, ¿cuánto es *suficiente*?).

Ambos han malinterpretado por completo el significado y contexto de este pasaje. Permíteme comenzar por mostrar lo que este pasaje *no* dice.

Esto no es acerca del juicio del pecado del creyente

Permíteme que te diga por qué sé esto. La Biblia nos dice que el juicio ya ocurrió. ¡Ya se acabó! ¿Cuándo se juzgó tu pecado? Se juzgó en la cruz de Jesucristo. Tus pecados no se juzgarán porque ya Dios derramó toda la furia de su juicio e ira en Jesucristo cuando estuvo colgado en la cruz, entre el cielo y la tierra, por nosotros.

Cristo fue condenado por nosotros. Gálatas 1:3-4 nos dice que: «Jesucristo dio su vida por nuestros pecados para rescatarnos de este mundo malvado». Pablo lo dice nuevamente en 1 Corintios 15:3: «Porque ante todo les transmití a ustedes lo que yo mismo recibí: que Cristo murió por nuestros pecados según las Escrituras». Pedro añade su amén en 1 Pedro 2.24: «Él mismo, en su cuerpo, llevó al madero nuestros pecados».

Una y otra vez las Escrituras nos dicen que Cristo cargó el castigo por nuestro pecado —por cada uno de ellos— sobre él. Si colocas tu confianza en Cristo, no tienes que pagar por ese castigo, porque *este se pagó en su totalidad*. Colosenses 2:13 dice: «Antes de recibir esa circuncisión, ustedes estaban muertos en sus pecados. Sin embargo, Dios nos dio vida en unión con Cristo, al perdonarnos *todos los pecados*» (énfasis del autor).

Ya Dios no tiene más acusaciones en contra tuya. ¿No son gloriosas esas noticias? Tal vez recuerdes el antiguo himno que bien dice:

Mi pecado, oh, la dicha de este glorioso pensamiento,
Mi pecado, no en parte, sino todo,
Está clavado en la cruz y yo no lo cargo más,
¡Alaba al Señor, alaba al Señor, oh, mi alma!

Romanos 8:1 dice: «Por lo tanto, ya no hay ninguna condenación para los que están unidos a Cristo Jesús». Nunca volverás a enfrentar tu pecado.

La gente me pregunta: «Pero pastor Jeremiah, ¿cómo puede alguien haber obtenido el perdón de sus pecados y todavía tener que revisar sus obras ante el tribunal de Cristo? ¿No parecen estar estas ideas en conflicto?»

No, porque el perdón implica justificación y las recompensas se refieren a las cosas que hacemos como personas justificadas. Estas no son obras hechas *para* buscar justificación; son obras hechas *como* personas justificadas.

Una de las grandes verdades que a través de los años he aprendido sobre las Escrituras, es el concepto de la *tensión bíblica*. Dios ordenó la Palabra de tal manera que, si la leemos cuidadosamente, no podemos desviarnos ni a la izquierda ni a la derecha, ni a este extremo ni al otro extremo. Por ejemplo, una de las grandes verdades acerca de un cristiano es que nosotros somos salvos por fe, no por obras. Efesios 2:8-9 dice: «Porque por gracia ustedes han sido salvados mediante la fe; esto no procede de ustedes, sino que es el regalo de Dios, no por obras, para que nadie se jacte».

Ahora bien, la mayoría de la gente se detiene ahí, pero el pasaje continúa: «Porque somos hechura de Dios, creados en Cristo Jesús para buenas obras, las cuales Dios dispuso de antemano a fin de que las pongamos en práctica» (v. 10).

¿Te fijas? Lo que Pablo le dijo a los efesios fue esto: «Para ser salvos ustedes no pueden hacer suficientes obras. Pero cuando se conviertan en cristianos, es obvio que el propósito por el cual Dios los ha salvado, es que ustedes puedan vivir una vida siendo un testimonio abierto y haciendo buenas obras para su gloria».

El tema en cuestión ante el tribunal de Cristo serán las obras que hemos hecho *después* de la salvación. Algún día vas a estar ante el poderoso Hijo de Dios «que tiene ojos que resplandecen como llamas de fuego» (Apocalipsis 2:18), y él hará una revisión de tu vida como creyente. Y en ese momento el tema en cuestión serán las recompensas.

Como sabes, la historia bíblica y la historia de la iglesia están llenas de personas que empezaron la carrera con gran entusiasmo y determinación, pero al final se volvieron descuidados e indiferentes con los mandatos de Dios y se desviaron del camino. Aunque estas personas no perdieron su salvación, perdieron el gozo de ser siervos fieles del todopoderoso Dios. Recuerdo a personas como Lot, Sansón, Ananías y Safira. ¿Y recuerdas lo que Pablo escribió acerca de un hermano llamado Demas?: «Haz todo lo posible por venir a verme cuanto antes, pues Demas, por amor a este mundo, me ha abandonado y se ha ido a Tesalónica» (2 Timoteo 4:9-10). Es difícil que tú y yo dejemos de pensar en los contemporáneos que se han alejado de sus familiares o ministerios por razones equivocadas. Ellos, junto con nosotros, deben rendir cuentas de su servicio ante Jesucristo.

Sin embargo, con esta idea en la mente, debemos recordar otra verdad sobre 1 Corintios 3:11-15.

Esto no es acerca del juicio de un creyente a otro creyente

Somos rápidos para juzgar. Alguna gente lo ve como su deporte favorito. Pero debemos recordar constantemente que Dios no nos ha llamado, a ninguno de nosotros, para juzgar a nadie. Porque *todos* los creyentes deben comparecer ante el tribunal de Cristo, cada uno de nosotros va a tener que rendir cuentas ante Dios, no tenemos derecho a juzgar las obras ni las motivaciones de otros creyentes.

En lo que se refiere a esto, en realidad tú no conoces mis motivos, ¿verdad? Ni yo conozco los tuyos. Tú no puedes ver el centro de mi corazón ni yo puedo ver el tuyo. Es probable que nos formemos nuestras opiniones en el camino, pero te puedo asegurar esto: en el tribunal de Cristo habrán muchas y muy grandes sorpresas. ¡Puedes estar seguro de eso!

1 Corintios 4:5 ofrece una advertencia oportuna: «Por lo tanto, no juzguen nada antes de tiempo; esperen hasta que venga el Señor. Él sacará a la luz lo que está oculto en la oscuridad y pondrá al descubierto las intenciones de cada corazón. Entonces cada uno recibirá de Dios la alabanza que le corresponda».

Qué gran recordatorio de que nuestro trabajo no es juzgar a otros. El Señor dice: «déjame eso a mí».

Yo he asistido a algunas ceremonias de premiación. Ha habido momentos en los que he pensado, por una razón u otra, que yo debería ser candidato a uno de los galardones. Pero entonces se lo dan a otro. En momentos como ese, no puedes evitar el hacer una revisión: *bueno, de haber hecho un poco más de esto y haber trabajado un poco más fuerte en aquello, tal vez yo habría podido recibir ese premio.*

Esa es la clase de examen que ocurrirá cuando cada uno de nosotros se presente ante nuestro Señor y nuestras vidas se pongan bajo la lupa. ¿Te hace sentir esto incómodo? ¿Te hace esto reflexionar un poco en tu vida y meditar en algunos de tus pensamientos y acciones? ¡Pues debiera ser así! De hecho, debemos vivir cada día de nuestras vidas con la eternidad en la mira.

Se dice que Jonathan Edwards disfrutó el caminar lentamente por los senderos de los jardines, orando y meditando. A veces él debió detenerse, probablemente para recoger alguna pequeña piedra transparente que encontraba en la tierra y mirar la luz del sol a través de ella. Los niños pensaban que él era un excéntrico y le preguntaban qué estaba haciendo. Edwards sencillamente respondía que él estaba pensando en el cielo. Un día alguien dijo que el problema con Jonathan Edwards era que él tenía la eternidad estampada en sus ojos.

Cuando leí estas palabras, pensé: *¡Yo debiera tener ese problema!* ¡Qué manera de pasar la vida! Muy a menudo tú y yo tenemos el mundo estampado en nuestros ojos. Pero Jonathan Edwards vio la vida desde una perspectiva diferente. Yo creo que nosotros, cuando meditamos en las palabras de nuestro Señor, también comenzamos a ver la vida desde un nuevo punto de vista: «¡Miren que vengo pronto! Traigo conmigo mi recompensa» (Apocalipsis 22:12).

Cinco coronas

Tomemos unos pocos momentos para estudiar cinco de las recompensas mencionadas en el Nuevo Testamento.

1. La Corona del vencedor

En 1 Corintios 9:25-27, Pablo escribe:

> Todos los deportistas se entrenan con mucha disciplina. Ellos lo hacen para obtener un premio que se echa a perder; nosotros, en cambio, por uno que dura para siempre. Así que yo no corro como quien no tiene meta; no lucho como quien da golpes al aire. Más bien, golpeo mi cuerpo y lo domino, no sea que, después de haber predicado a otros, yo mismo quede descalificado.

Aquí el apóstol habla de una corona incorruptible, una corona que durará para siempre. «Esta», dice Pablo, «es la corona que voy a buscar». Él usa una caracterización verbal que habría sido muy convincente para ese grupo de creyentes en particular. Los corintios tenían dos grandes actividades atléticas en su época: los Juegos Olímpicos y los Juegos Ístmicos. Los Juegos Ístmicos se llevaban a cabo en Corinto, así que esto hubiera sido como si Pablo les escribiera a los neoyorquinos haciendo referencias al equipo de los Yankees, o que hablara a los habitantes de Green Bay de los Packers.

¡Pablo obtuvo su atención!

Los participantes en esos juegos tenían que entrenarse rigurosamente durante diez meses. El último mes lo pasaban en Corinto, donde recibían una supervisión diaria en el gimnasio y en los campos atléticos. La carrera siempre era la atracción principal de los juegos y esa es la figura que Pablo utilizó para ilustrar la vida fiel del cristiano. Muchos correrán esta carrera, dijo él, pero solo uno recibirá el premio. Nadie se entrenaría con tanto ahínco ni durante tan largo tiempo, sin tener la intención de ganar. Sin embargo, de ese gran número de corredores en los Juegos Ístmicos, solo uno ganaría.

Los atletas ístmicos trabajaban diligentemente durante un largo tiempo para luego ganar un premio insignificante. El pensamiento de Pablo era: «¡Cuánto más debemos los cristianos controlar nuestros cuerpos, controlar nuestras energías, controlar nuestros motivos y nuestros propósitos y disciplinarnos para que podamos ser siervos útiles de Dios». El hombre o mujer que hace eso es un candidato para la corona incorruptible, la corona del vencedor.

En los juegos ístmicos, el premio era una sencilla corona de ramas de un pino que se envolvía alrededor de la cabeza. Los participantes deseaban esa corona porque ese galardón venía acompañado de honores. Pero esos honores eran tan perecederos como la corona misma. Los vítores y reconocimientos, la fama y el sentido de logro se disipaban demasiado rápido.

En contraste, Pedro nos recuerda que nosotros recibiremos «una herencia indestructible, incontaminada e inmarchitable. Tal herencia está reservada en el cielo para ustedes, [nosotros] a quienes el poder de Dios protege mediante la fe hasta que llegue la salvación que se ha de revelar en los últimos tiempos» (1 Pedro 1:4-5).

Tú preguntarás: «¿Cómo esta "corona del vencedor" obra en la vida cotidiana? ¿Cómo la buscamos en la actualidad?» Puedo pensar en muchas maneras prácticas. Comienza por tomar control de tu humanidad a través del Espíritu de Dios, asegurándote que no vas a desperdiciar tu tiempo y energías persiguiendo fama temporal o posesiones materiales, sino más bien disciplinando tu cuerpo para un objetivo eterno. Al igual que Edwards, en tiempos pasados, permitimos que el Espíritu de Dios estampe la eternidad en nuestros ojos y comenzamos a ver la vida a través de esos lentes, sin permitir que el mundo nos amolde a la fuerza.

En el tribunal de Cristo, se olvidarán las coronas terrenales, los trofeos, los recortes de periódico y los anillos del Gran Tazón. Ya no serán más importantes que cepillar tus dientes o comprar el periódico en la tienda de la esquina. Pero lo que hacemos para la eternidad —incluso las ha- zañas más pequeñas— se tomarán en cuenta para siempre.

Tú y yo tenemos la oportunidad de ganar la corona del vencedor y vale infinitamente el esfuerzo. Cuando tomamos la decisión de poner a Dios primero, sin que nada nos importe, cuando usamos nuestras energías para sus propósitos, estamos en pos de esa hermosa corona.

2. La corona de júbilo

Esta segunda recompensa se ha llamado la corona del ganador de almas. En 1 Tesalonicenses 2:19 se nos dice: «En resumidas cuentas, ¿cuál es nuestra esperanza, alegría o motivo de orgullo delante de nuestro Señor Jesús para cuando él venga? ¿Quién más sino ustedes?»

Se entregará una corona a los que lleven con ellos mucha gente al cielo. A través de los años he conocido algunos individuos que nunca dejaron de ganar personas para Jesucristo. Era su pasión, era su deleite, era su razón para levantarse en la mañana. Y cuando algún día nos encontremos con esas personas en el cielo, sabremos quiénes son por su radiante corona de júbilo. ¿Y quién no estaría gozoso al ver en los cielos a hombres, mujeres y niños a quienes tuviste el privilegio de presentarles el Salvador? Estas personas serán quienes te den la bienvenida «en las viviendas eternas» (Lucas 16:9).

3. La corona de rectitud

Es probable que durante los últimos meses y años hayas atravesado algunas escabrosas e incluso trágicas experiencias. Tú has soportado algunos días difíciles y, más y más, has atesorado la esperanza del regreso de Cristo. Tú te has mantenido alerta mirando con el rabo del ojo, atento a que él pudiera venir en cualquier momento para llamarnos a las nubes y encontrarnos con él. Las Escrituras dicen que hay un galardón especial para aquellos «que con amor hayan esperado su venida»: «Por lo demás me espera la corona de justicia que el Señor, el juez justo, me otorgará en aquel día; y no sólo a mí, sino también a todos los que con amor hayan esperado su venida» (2 Timoteo 4:8).

Habrá una corona para entregar a quienes esperan el regreso de nuestro Señor. Les digo con franqueza que en estos días yo no veo a muchos haciendo eso. No está a la moda ni es elegante hablar de la Segunda Venida. Recuerdo cuando yo era un niño cómo las personas solían decirse unas a otras: «¡Este podría ser el día!» o «Tal vez esta noche». En estos días, muchos están atrapados en los detalles de la época presente: política, bolsa de valores, hacer dinero y la recreación en los fines de semana. No estamos esperando su regreso porque estamos demasiado ocupados viviendo la vida en un carril de alta velocidad. Sin embargo, nuestro Señor ha reservado un especial reconocimiento para aquellos que vigilan y anhelan su venida.

4. La corona de vida

Santiago 1:12 dice: «Dichoso el que resiste la tentación porque, al salir aprobado, recibirá la corona de la vida que Dios ha prometido a quienes lo aman».

El libro de Apocalipsis añade estas palabras: «No tengas miedo de lo que estás por sufrir. Te advierto que a algunos de ustedes el diablo los meterá en la cárcel para ponerlos a prueba, y sufrirán persecución durante diez días. Sé fiel hasta la muerte, y yo te daré la corona de la vida» (2:10).

Incluso, mientras lees estas palabras, hay hombres, mujeres y niños creyentes que están soportando humillación, privaciones, amarga persecución e incluso muerte por su fe en el Señor Jesús. Eso está sucediendo *hoy* en China, en Indonesia, en India, en Sudán y en todas partes del mundo. Estos queridos hermanos y hermanas también se presentarán ante el tribunal de Cristo, y el Señor no obviará su sufrimiento. Cada uno de ellos será coronado con una indescriptible y hermosa corona de vida: la corona de los mártires; porque ellos han pagado por su fe con sus propias vidas.

5. La corona de gloria

Esta corona final se presentará a los pastores y líderes fieles. Pedro escribió: «Así, cuando aparezca el Pastor supremo, ustedes recibirán la inmarcesible corona de gloria» (1 Pedro 5:4). Hay una corona única para aquellos que fielmente enseñan la Palabra de Dios y pastorean al pueblo de Dios, una actividad muy cercana y querida para el corazón del Príncipe de los pastores. Si somos inquebrantables al entregar nuestras vidas por aquellos que están bajo nuestro cuidado, Dios nos dará una incorruptible y eterna corona.

Mi amigo, cuando escuches enseñar esta doctrina de las recompensas, siempre rechaza las dos malas interpretaciones comunes en referencia a ellas. Primero, recuerda que la rectitud no siempre se reconoce materialmente aquí en la tierra; y segundo, recuerda que el sufrimiento no es una señal certera de pecado. No caigas en la trampa de los acusadores de Job y no te ganes el severo reproche de Dios como se lo ganaron ellos.

El Señor mismo es tu mayor recompensa

Cuando Abraham regresó luego de vencer a los reyes paganos, se encontró con el agradecido rey de Sodoma que buscaba recompensar al patriarca. Abraham se rehusó inquebrantablemente, diciéndole a este impío gobernante: «He jurado por el Señor, el Dios altísimo, creador del cielo y de la tierra, que no tomaré nada de lo que es tuyo, ni siquiera un hilo ni la correa de una sandalia. Así nunca podrás decir: "Yo hice rico a Abram"» (Génesis 14:22-23).

Abraham estaba diciendo: «Hombre, ni siquiera deseo un cordón de tu calzado. Quédate con tus cosas». Entonces, en el siguiente versículo, luego de que Abraham respondiera, el Señor se le aparece y le dice: «No temas, Abram. Yo soy tu escudo, y muy grande será tu recompensa» (Génesis 15:1).

En otras palabras: «Hijo, hiciste la elección correcta. Rechazaste el botín terrenal del rey y ahora yo, el Rey del universo, te recompensaré con todo lo que soy».

Es probable que nuestros esfuerzos, a través de nuestras vidas, no nos enriquezcan ni nos recompensen o reconozcan. Pero mi amigo, ¡se avecina el día! El Señor, que no pierde nada, nos recompensará con la belleza, gloria y cercanía de su presencia en la eternidad. No hay mejor recompensa que Dios mismo.

Resístete a hacer obras por la recompensa terrenal

Recuerda lo que el Señor Jesús dice en Mateo 6:1, 3-4: «Cuídense de no hacer sus obras de justicia delante de la gente para llamar la atención. Si actúan así, su Padre que está en el cielo no les dará ninguna recompensa. … Más bien, cuando des a los necesitados, que no se entere tu mano izquierda de lo que hace la derecha, para que tu limosna sea en secreto. Así tu Padre, que ve lo que se hace en secreto, te recompensará».

Así que, mientras nos ocupamos trabajando por las recompensas eternas, no queremos estropearlo todo tratando de alcanzar el reconocimiento terrenal. Tú no quieres estar parado frente a la gente recordándole: «Yo hice esto…» o «Nadie lo sabe, pero yo hice aquello». La Biblia dice que si haces eso, obtendrás tu recompensa aquí, ¡pero probablemente te perderás la recompensa de allá! Qué intercambio terrible sería ese. Sería mucho mejor insistir en la opción del otro lado, porque en realidad no hay comparación. ¡Quizás en este punto tú y yo debiéramos ponernos un poco pragmáticos e insistir en la recompensa *realmente* buena!

¿Cómo haces eso? Para empezar, no vayas por todas partes publicando tus buenas obras. No te coloques en posición de recibir cumplidos o reconocimientos, aunque los ansíes. Habrá mejores recompensas en el otro lado.

Reflexiona en el objetivo final de las recompensas

¿Qué vamos a hacer con estas coronas y recompensas luego de recibirlas? El apóstol Juan nos da una buena pista en Apocalipsis 4:10-11:

Los veinticuatro ancianos se postraban ante él y adoraban al que vive por los siglos de los siglos. Y rendían sus coronas delante del trono exclamando: «Digno eres, Señor y Dios nuestro, de recibir la gloria, la honra y el poder, porque tú creaste todas las cosas; por tu voluntad existen y fueron creadas».

¡Qué escena! ¡Y qué asombroso día será ese! Cuando ese día llegue, yo no quiero tener las manos vacías. Quiero tener algo con lo cual también pueda honrar a mi Señor y Salvador, quien me redimió con su propia sangre. Quiero ser capaz de decirle: «Señor Dios, nunca podré pagarte por lo que tú has hecho por mí, pero quiero colocar esta corona a tus pies, como muestra de agradecimiento».

Cuando ese momento llegue, yo no quiero tener que reflexionar y recordar: *tuve la oportunidad de vivir mi vida de esa forma, pero tomé otro camino.* ¡El cielo no da lugar a arrepentimientos!

Mi amigo, busca tu recompensa mientras el Señor regresa. Ni siquiera puedo describir cuánto está en juego. Este no es momento para ser holgazán o para permitir que nos atrapen asuntos secundarios que minan tu energía, fortaleza y deseo.

Sigamos a Jonathan Edwards y permitamos que la gente diga que tenemos la eternidad estampada en nuestros ojos. Vivamos para el cielo, recordando que él puede venir en el siguiente latido de corazón… Y recordando que el resplandor de su favor lo vale todo, infinitamente más que los mejores tesoros de la tierra.

Alberto, desde el cielo, miró al tiempo y vio las atrocidades que se llevaban a cabo en el reino humano. Aterrado por completo, señaló una atroz escena y le preguntó a Dios acerca de esta:

—¿Cómo puedes permitir eso? ¡Mira lo que el mal está haciendo allá abajo!

—¡No hay nadie mejor que el demonio para crear una tragedia como esa! —dijo Dios.

—Pero, Dios, ese hombre es uno de los tuyos… ¡Oh, pobre hombre!

—Yo di la libertad de escoger entre el bien y el mal —dijo Dios, con su rostro entristecido—. No importa lo que escojan, todos ellos viven juntos. En ocasiones, los que no han escogido mi camino impactan a quienes lo escogieron —y movió lentamente su cabeza en desaprobación—. Siempre resulta doloroso que eso suceda.

—Pero esa gente no tiene opción —protestó Alberto—, ¡los están ahogando con la maldad! ¡Esa no es una opción!

—Bueno, Alberto —dijo Dios pacientemente—. ¿Alguna vez he permitido que el dolor quede impune?

—No… no, pero… —Alberto retiró su mirada, incapaz de soportar nada más.

—¡Mira! —Dios tiró su brazo alrededor de los hombros encogidos de Alberto y le dio la vuelta nuevamente— Mira allá, junto a la pared.

—¿Aquel? Parece casi muerto. ¿Está orando?

—Ah, Alberto, ¡deberías escuchar sus oraciones! —un intenso amor se encendió en los ojos de Dios, como un relámpago—. Oraciones sencillas de un corazón adolorido. *Esto* es el triunfo sobre el mal. Confiar en mí, *esa* es la opción —sonrió Dios en medio de brillantes lágrimas de amor—. ¿No es él magnífico?

Juntos se pararon en silencio y Alberto comenzó a ver las cosas como Dios las veía.

—Alberto, ahora mira esto —dijo Dios suavemente, sin dejar de mirar la escena. Llamó a Miguel y el arcángel se presentó.

—Miguel, baja y tómalo —lágrimas de gozo divino se derramaban—, yo me ocuparé de la fiesta.[1]

Diez

VIVE EN ESPERANZA MIENTRAS EL SEÑOR REGRESA

Un hombre soltero de mediana edad realizó un crucero en el Caribe. Durante el primer día en el mar se fijó en una atractiva mujer de su misma edad que le sonrió cuando se encontraron en la cubierta. Ese mismo día se dirigió al capitán de meseros en el comedor y le pidió que lo sentara en la mesa de esa mujer. El capitán de meseros aceptó gustoso.

Más tarde, esa noche, después que la pareja se sentara comenzaron a conversar y el hombre mencionó que aquel día él la había visto en la cubierta y que había apreciado muchísimo su amigable sonrisa.

La mujer sonrió nuevamente y dijo: «Bueno, la razón por la que sonreí es que cuando te vi, de inmediato me impactó tu increíble parecido con mi tercer esposo».

El hombre agudizó el oído. «¡Ah!», dijo él. «¿Cuántas veces te has casado?»

La mujer miró su plato y sonrió nuevamente. «Dos», respondió.

Ahora bien, ¡*eso* es lo que llamamos esperanza!

Otro viajero no fue tan bendecido. En medio de un largo crucero de placer, el vaivén del barco lo hizo sentirse violentamente mareado. Una tarde, cuando estaba inclinado en el borde del barco con su rostro de un color verde pálido que era impactante, se le acercó un camarero y notando su aguda aflicción le dijo amablemente: «No se desaliente, señor. Solo quiero que sepa que hasta ahora nadie ha muerto de mareos».

El nauseoso pasajero miró hacia arriba y gimiendo respondió: «Ay, *por favor*, no me diga eso, lo único que me ha mantenido vivo todo *este* tiempo es la esperanza de morir».

La necesidad de tener esperanza

Esperanza. ¿Quién entre nosotros puede vivir sin esperanza?

Hace unos pocos años leí un artículo que citaba un ejemplo del comandante F.J. Harold Kushner, un oficial médico de la armada durante la guerra de Vietnam, que Vietcong mantuvo preso durante cinco años y medio. Él le contó a la *New York Magazine* [Revista New York] acerca de un encuentro con un miembro de la infantería de la marina que tenía veinticuatro años de edad y que ya había sobrevivido dos años en el campo de prisioneros.

Al parecer, el marino gozaba de una salud relativamente buena y le iba bien. Cuando Kushner le preguntó cómo lograba estar tan bien, el joven explicó que el comandante en jefe del campamento le había prometido liberarlo pronto si cooperaba en todos los aspectos. Dado que el marino había visto que a otros prisioneros se les había concedido esto, él también aceptó. Se volvió un prisionero modelo y sirvió como jefe del «grupo para reformar el pensamiento» del campamento, donde se trataba de lavarle el cerebro a los demás prisioneros.

Sin embargo, con el tiempo quedó demostrado que habían engañado al marino. Cuando por fin se dio cuenta del engaño, se volvió un zombi. Se negó hacer cualquier tipo de trabajo y rechazó toda oferta de alimento y motivación. Sencillamente se acostó en su catre, chupando su dedo hasta que unos días después falleció. Cuando su esperanza de liberación se desvaneció, se dio cuenta que no tenía nada por lo cual vivir.[1]

Jesús y la esperanza

Yo dudo que nuestro mundo jamás haya necesitado más esperanza que la que necesita en la actualidad. Tal y como Jesús profetizó hace mucho tiempo, vemos a un reino levantándose en contra de otro, a un grupo étnico en contra de otro grupo étnico. Nadie sabe en dónde se han desvanecido las innumerables antiguas armas soviéticas. Sequías, inundaciones y terremotos azotan el planeta con una creciente intensidad; escándalos en los gobiernos y los negocios golpeando las naciones y una importante recesión mundial se hace cada vez más probable. La capa de ozono continúa debilitándose, mientras las armas de destrucción masiva continúan proliferándose. Autores seculares escriben nombres con títulos como *Slouching Toward Gomorrah* y *Judgment Day at the White House*, mientras que los autores religiosos escriben *Wicca: A Guide for the Solitary Practitioner* [*Wicca* quiere decir brujería] y *Death of the Church*.

Debido a que nuestro mundo se ve así, Mike Bellah, en su artículo titulado «Make Room for Baby Boomers» [Haz espacio para los baby boomers], escribió:

Los Baby Boomers necesitan, desesperadamente, tener esperanza. La iglesia que alcance a esta generación, será una donde la esperanza se dispense con frecuencia. Sin embargo, es importante que la iglesia ofrezca una esperanza real, no artificial. La mayoría de los Baby Boomers ven con cinismo la clase de esperanza que promete el evangelio del éxito. Asimismo, la esperanza que ofrecen cristianos sinceros pero poco realistas, una esperanza que ignora el verdadero dolor y el sufrimiento, no ayudará a los desilusionados Baby Boomers. Esta generación no responderá a religiones triviales ni clichés religiosos que minimizan el dolor que existe en un mundo caído. La iglesia que ofrece esperanza a los Baby Boomers proclamará al Dios de José, Daniel, Elías y otros como ellos. Revelará un Dios que no siempre nos saca de nuestras crisis, sino que nos apoya durante ellas y nos ayuda a superarlas.[2]

Mi amigo, ¡necesitamos alguna *esperanza* sólida!

Los discípulos de nuestro Señor sintieron una necesidad similar a medida que se acercaba el tiempo en que Jesucristo debía ofrecerse como sacrificio por nuestros pecados. Ellos no estaban seguros de lo que vendría, pero sabían que era algo grande; un oscuro presentimiento se anidó en sus corazones. Jesús conocía todos estos temores y, por lo tanto, les dijo:

Ciertamente les aseguro que ustedes llorarán de dolor, mientras que el mundo se alegrará. Se pondrán tristes, pero su tristeza se convertirá en alegría. La mujer que está por dar a luz siente dolores porque ha llegado su momento, pero en cuanto nace la criatura se olvida de su angustia por la alegría de haber traído al mundo un nuevo ser. Lo mismo les pasa a ustedes: Ahora están tristes, pero cuando vuelva a verlos se alegrarán, y nadie les va a quitar esa alegría (Juan 16:20-22).

La mayoría de los eruditos cree que estos comentarios de Jesús se refieren a su inminente muerte y resurrección, pero yo creo que tienen una aplicación que va más allá de eso. Aunque aquí el Maestro no usa la palabra *esperanza*, ¡sus palabras proféticas la gritan a voz en cuello!

«Escuchen», les dice él a sus hombres, «yo sé que están confundidos. Sé que están preocupados y ansiosos. Y yo no los engañaré: se avecina un terrible y verdadero dolor. ¡Pero nunca permitan que el dolor oscurezca la esperanza! Yo soy el Señor de la esperanza y sé cómo obtener gozo de la tristeza».

El poderoso ministerio de esperanza del Señor se profetizó mucho antes de que él caminara en esta tierra. El profeta Isaías, en especial, se regocijaba por los almacenes de esperanzas que el Mesías venidero le abriría a todos. «No quedarán avergonzados los que en mí confían», dijo él sobre el Señor (Isaías 49:23). «Ya se acerca mi justicia, mi salvación está en camino; ¡mi brazo juzgará a las naciones! —Las costas lejanas confían en mí, y ponen su esperanza en mi brazo» (Isaías 51:5).

Mateo, en su Evangelio, señalaba este énfasis profético sobre la esperanza que el Mesías iba a traer. Él nos dice que el Señor «sanó a todos los enfermos, pero les ordenó que no dijeran quién era él» y luego añade:

> Consciente de esto, Jesús se retiró de aquel lugar. Muchos lo siguieron, y él sanó a todos los enfermos, pero les ordenó que no dijeran quién era él. Esto fue para que se cumpliera lo dicho por el profeta Isaías: «Éste es mi siervo, a quien he escogido, mi amado, en quien estoy muy complacido; sobre él pondré mi Espíritu, y proclamará justicia a las naciones. No disputará ni gritará; nadie oirá su voz en las calles. No acabará de romper la caña quebrada ni apagará la mecha que apenas arde, hasta que haga triunfar la justicia. Y en su nombre pondrán las naciones su esperanza» (Mateo 12:15-21, citando a Isaías 42:1-4).

Este era un mensaje que los discípulos necesitaban escuchar en los angustiantes días que precedieron a la crucifixión y que ellos especialmente necesitaban recordar en los apabullantes días que siguieron a la muerte de nuestro Señor. Jesús les dijo: «Ahora están tristes, pero cuando vuelva a verlos se alegrarán, y nadie les va a quitar esa alegría» (Juan 16:22).

Jamás en la tierra ha habido un tiempo en el que no hubiésemos necesitado esperanza, pero la esperanza resulta crítica cuando aquellos a quienes más amamos están a punto de dejarnos. Pienso que esa fue la razón por la que Jesús escogió este momento para llenar a sus discípulos de esperanza. El Maestro y amigo estaba a punto de dejarlos, ellos no comprendían las fuerzas que se estaban agrupando para arrasar con él y necesitaban tener la seguridad de que permaneciera una esperanza sólida como la roca.

Todos nosotros hemos sentido el dolor emocional de decirle adiós a alguien que amamos. Quizás hayamos perdido un trabajo. O hayamos presenciado la ruptura de un hogar, tal vez incluso el nuestro. Y las preguntas en nuestros corazones son: «¿Adónde voy? ¿Qué hago? ¿Dónde puedo encontrar esperanza?» Nos sentimos como si nos hubieran abandonado en la esquina de la Desesperanza y la Desesperación.

La buena noticia es que a nosotros, que conocemos a Dios por medio de Jesucristo, su hijo, no nos han dejado en esa esquina de la desesperación. *Hay* una respuesta y su nombre es Jesús. Eso no está trillado. No es un simple tema teológico. No es una simple charla de iglesia.

Es una verdad.

Pedro y la esperanza

En 1 Pedro capítulo 1, el apóstol hace una importante afirmación acerca de la naturaleza de nuestra esperanza. Pedro sabía cuán importante era brindar tal esperanza a sus lectores. No solo recordó los momentos de desesperación cuando su Señor estaba a punto de partir, sino que también supo que los receptores de su pequeña carta estaban soportando tremendas durezas.

Estos cristianos, diseminados como la sal a lo largo del Imperio Romano, vivían en un tiempo en el que Roma tiranizaba a los creyentes. Enfrentaban indescriptibles persecuciones y sufrimientos. De hecho, en esta epístola de 5 capítulos, Pedro usó la palabra *sufrimiento* dieciséis veces.

Pedro tiene una palabra buena para nosotros sobre cómo enfrentar los momentos difíciles. Esa palabra es *esperanza*. Él insiste en que podemos vivir en esperanza si comprendemos y creemos la verdad referente al Cristo resucitado. En 1 Pedro 1:3, nos dice: «¡Alabado sea Dios, Padre de nuestro Señor Jesucristo! Por su gran misericordia, nos ha hecho nacer de nuevo mediante la resurrección de Jesucristo, para que tengamos una esperanza viva».

Una esperanza viva

Pedro quisiera que creyéramos que la esperanza que buscamos y que tan a menudo parece eludirnos (si no escuchamos con cuidado la Palabra de Dios), se encuentra en una persona que ha vencido la muerte.

Recuerdo cuando...

Me pregunto qué estaba ocurriendo en la mente de Pedro cuando escribió esas palabras. No puedo evitar pensar que cuando el apóstol proclamó una esperanza viva en el Cristo resucitado, su experiencia personal vino a su mente en tecnicolor y en un sonido envolvente.

Pedro había sido un amigo muy cercano del Señor. Prácticamente había caminado con Cristo la mayor parte de su ministerio público. ¡Ah! Es cierto que tuvo algunos problemas. Negó al Señor y Jesús lo tuvo que volver a comisionar. Por eso es que a todos nos agrada tanto Pedro, él nos da un sentido de identidad. Creemos que si *él* pudo lograrlo con el Señor, tal vez *nosotros* también podamos. Pero al final, Pedro amó al Señor y esperó que este Jesús fuera su Mesías, el que los liberaría de la esclavitud romana. Pedro era como el resto de los que depositaron su esperanza en Jesús.

Entonces, un día, sucedió: la ira, las acusaciones, el juicio burlesco, los golpes, la corona de espinas, la cruz, la jornada hasta la colina, los clavos, la lanza, la oscuridad. De la cruz bajaron, envuelto en lino y colocado en una fría tumba de roca, todo lo que Pedro había creído, todo lo que había esperado.

Si hubiéramos podido ver al corazón de Pedro durante los días entre la muerte de Cristo y su resurrección, creo que hubiéramos visto el epítome de la desesperanza y la desesperación. Los Evangelios dejan claro que Pedro estaba aturdido por lo que sucedía. Impactado.

Entonces, al tercer día, se comenzó a correr la voz de que unos amigos habían visitado la tumba, miraron dentro y la encontraron vacía.

¿Habían robado el cuerpo? Pero a Pedro había que demostrárselo. «Muéstrenmelo», exigió. Él quería verlo con sus propios ojos. Corrió hasta la tumba con Juan y, cuando se detuvo, corrió adentro y vio el atuendo del Señor, las Escrituras dicen que en su corazón comenzó a florecer la verdad sobre la resurrección de Jesucristo.

Y entonces llegó el momento en que vio al Señor resucitado. Examinó las huellas de los clavos en sus manos y el lugar en que la lanza lo había perforado. Para Pedro fue sobrecogedor darse cuenta que Aquel al que había visto morir, ir a la tumba y permanecer ahí durante tres días, saliera al tercer día del sepulcro mediante su propio poder, victorioso sobre el más grande enemigo del hombre. Jesús había regresado de la muerte. ¡Estaba vivo! ¡Era el Señor resucitado!

Así que Pedro escribió a sus amigos que estaban sufriendo: «Quiero decirles algo. Ustedes tienen una *esperanza viva*, una esperanza basada en lo que Jesucristo hizo cuando resucitó de la tumba. Verán, él venció al más grande enemigo que el hombre enfrenta. Él, por sí mismo, obtuvo la victoria sobre la muerte y promete que aquellos que pongan su fe en él, también vencerán la muerte».

¿Estás buscando esperanza en tiempos difíciles? ¿Estás tratando de analizar las circunstancias de tu vida? Si es así, mira a Cristo, porque ahí es donde se encuentra la esperanza.

Esperanza en medio del dolor

¿Pero qué le dices a un nombre que ha sepultado a su esposa de muchos años? El dolor y la congoja que sentimos como seres humanos, puede ser prácticamente indescriptible... sin embargo, un hombre que es cristiano tiene la esperanza de que su esposa creyente esté con el Señor.

¿Qué le dices a una mujer que descubre tener una enfermedad terminal y que, de no ser por una intervención sobrenatural, sus días estarán contados? Si todo lo que tenemos que decirnos unos a otros es que nuestra desesperanza y desilusión son temporales y temas terrenales, nos quedamos sin nada. Como Pablo escribió a los corintios: «Si la esperanza que tenemos en Cristo fuera sólo para esta vida, seríamos los más desdichados de todos los mortales» (1 Corintios 15:19).

La esperanza que termina en la tumba es la única clase de esperanza que el mundo tiene para ofrecernos. Sin embargo, los problemas que nos provocan la más grande desesperanza y desesperación, son aquellos que comienzan —no terminan— en la tumba. El esposo enlutado continúa con dolor después del funeral. La hija que pierde a su madre siente un agudo dolor mucho después que termine el servicio funerario. ¿Dónde encontramos esperanza para la clase de problemas que parecen tan frecuentes en nuestras vidas?

Pedro dice que esta esperanza se encuentra en una persona, la persona del Señor Jesucristo. Depositamos nuestra esperanza en él, porque es el único que hizo lo que hizo. Él salió vivo de la muerte, victorioso sobre la tumba y nos promete que si confiamos en él, nosotros también viviremos del mismo modo que él vive. ¡Hay esperanza en medio de todo el dolor!

No importa cuán oscura pueda volverse nuestra situación, nuestra esperanza está anclada a Jesucristo y a su poder sobre la muerte. Pablo nos dice que si esto no fuera cierto, entonces nuestra fe sería inútil, estamos en pecado y no tenemos esperanza.

La realidad de todo esto se me hizo palpable recientemente cuando leí un artículo que escribió Joni Eareckison Tada. Joni no es una ajena a la tragedia ni a la dificultad. A la edad de diecisiete años quedó paralizada luego de sufrir un accidente al tirarse de un trampolín y desde entonces ha ministrado a millones de personas a través del mundo con el mensaje de esperanza en Cristo.

En un artículo dijo que un día le comentó a su asistente: «Francie, archiva esto y, por favor, haz copias de esta carta. Ah, ¿podrías abrirme el sofá cama una vez más?» Su parálisis le bloquea el dolor en el cuerpo y ella sabe que algo anda mal únicamente cuando su temperatura y presión circulatoria comienzan a subir. Intuitivamente siente que algo está mal. A menudo se debe a que, sin percibirlo, ha pinchado su cuerpo o lo ha frotado contra algo y por lo tanto se lastima o se le hace un moretón. Con frecuencia tiene que pedirle a su asistente que la desvista y le examine su cuerpo para ver qué sucede.

Joni dijo en el artículo que estaba en medio de uno de esos episodios (suceden tres o cuatro veces al mes) y, mirando al cielo, dijo en voz alta: «Quiero renunciar a esto. ¿Adónde voy para renunciar a esta absurda parálisis?»

Ese día, cuando Francie estaba saliendo de la oficina, se paró detrás de la puerta, metió su cabeza nuevamente y dijo: «Apuesto a que no puedes esperar la resurrección».

Joni escribió: «Mis ojos se volvieron a empapar, pero en esta ocasión eran lágrimas de alivio y esperanza. Me sequé las lágrimas y soñé lo que he soñado miles de veces: la Promesa de la Resurrección. Y mi cabeza se inundó de otras promesas esperanzadoras. *Cuando le veamos, seremos como él... Lo perecedero se reemplazará con lo que no es perecedero... Lo incorruptible reemplazará lo que es corruptible... Se levantará en poder lo que se siembra en la debilidad... Él nos ha dado una herencia que nunca puede perecer, mancharse o desvanecerse.* Yo abrí mis ojos y dije en voz alta y con una sonrisa: "Ven pronto, Señor Jesús"».[3]

Esta esperanza nuestra no es meramente «un castillo en el aire para el futuro». No es meramente un deseo infantil que pintamos en un lejano y aventurero futuro. No solo implica que las cosas serán mejores si creemos lo suficiente. No es una esperanza de «ojalás»; es una esperanza de *así será*. Esto es conocer a la Persona que ha hecho lo que nadie más ha hecho.

En virtud de ese logro, Jesús ha proclamado que se ha adueñado de nuestra fe, diciendo: «Si yo salí de la tumba victorioso sobre la muerte y ustedes ponen su confianza en mí, pueden tener la misma victoria, no solo sobre la muerte, sino en su vida cotidiana».

Una esperanza segura

¿Cuán segura es nuestra esperanza? Nota lo que dice 1 Pedro 1:4. Esta esperanza es «indestructible, incontaminada e inmarchitable. Tal herencia está reservada en el cielo para ustedes». ¿Sabes qué? Estos cuatro rasgos están fuera del alcance de cualquiera que coloque su esperanza en cosas terrenales.

¿Has notado cuán frustrante puede ser colocar nuestra fe en cosas humanas? Confieso que a través de mi vida me he descubierto colocando mis esperanzas en varios equipos atléticos profesionales.

Cuando asistía al Seminario de Dallas, me vi atrapado por los Cowboys de Dallas. Los martes yo asistía a sus almuerzos. Leía cada página deportiva acerca de lo que estaba sucediendo con el equipo. Sabía todo referente a cada jugador. Vivía y moría con el equipo.

Una vez hubo un juego crucial en las finales y, por alguna razón, las entradas no se habían agotado. Cuando eso sucede, en la ciudad no se televisa el juego. Lo creas o no, mi sufrida esposa y yo condujimos hasta Oklahoma y nos instalamos en un motel para ver el juego desde ahí. ¡Así de comprometido estaba yo!

Pero las cosas empeoraron. Al principio de tener a nuestros hijos, yo me ocupaba de acunarlos. Finalmente Donna me hizo dejar de cargarlos durante los juegos de fútbol americano, porque en un par de ocasiones casi los uso para lanzar un pase. ¡Yo estaba realmente involucrado con los Cowboys! Los seguí hasta la cumbre … y, entonces, ¡perdieron! Me deprimí profundamente. Por supuesto, durante otro año por fin ganaron el campeonato. Pero, ¿sabes qué? Su victoria me dejó sorpresivamente vacío. Me alegraba que hubieran ganado, pero... ¿y ahora qué? Resulta muy fácil involucrarse en cosas que en verdad nunca pueden recompensar nuestras más anheladas esperanzas. Por supuesto, no estoy sugiriendo, bajo ningún concepto, que no pongamos nuestra esperanza y confianza en otros, tampoco estoy diciendo que no debamos atarnos fuertemente a nuestras familias. Pero hay una esperanza más allá de eso, una más importante. Esa es la esperanza que colocamos en el Dios eterno a través de Jesucristo, su Hijo.

Pedro dice que una esperanza como esa no morirá. No se corromperá, no se deteriorará ni se destruirá. Esa esperanza está para ti en la persona de Jesucristo y, debido a que él es eterno, tu esperanza en él es eterna.

Por esa razón es tan diferente la forma en que la gente cristiana fiel responde ante la vida. Esa es la razón por la que pueden manejar los desafíos que se cruzan en su camino. Es probable que se tambaleen debido a la presión, pero muy en lo profundo yace la tranquila seguridad de que esto también pasará; y si no, ¡la cosas se pondrán todavía mejor!

¿Pero qué en cuanto ahora?

Tú dirás: «Pastor Jeremiah, todo eso está bien y me alegro en cuanto al futuro. Será maravilloso ver algún día al Señor y que nuestras esperanzas se realicen en una comunión con él íntima y personal. Pero yo tengo que enfrentar la próxima semana. Me levanto en la mañana y me dirijo a un trabajo que me aterra. En mi casa vivo una situación que me hace sentir frenético. Tengo que lidiar con una enfermedad que no puedo controlar. ¿Cómo va a determinar mi relación con Jesucristo algo diferente en mi vida *ahora*? ¿De qué manera mi esperanza en el futuro y en la eternidad con él afecta la forma en que vivo *hoy*?»

Pedro debe haberse anticipado a esa pregunta, porque dio la respuesta en el capítulo 1, versículo 5 de su primera epístola. Él dice que quienes hemos colocado nuestra esperanza en Cristo somos los que «*el poder de Dios protege mediante la fe hasta que llegue la salvación que se ha de revelar en los últimos tiempos*».

Ahora, mira esto con cuidado. Aquí está cómo se unen todos los temas de este capítulo. Primero, Pedro dice que Dios nos ha dado una esperanza que es segura, estable y que nunca se podrá tocar. Que está más allá de la destrucción o el deterioro. Nada puede sucederle.

Segundo, en el siguiente versículo Pedro dice que Dios está comprometido a ayudarnos a realizar por completo esa esperanza. Dios nos promete una esperanza segura para nuestro caminar personal y eterno con él y una garantía diaria de que él nos mantendrá a través del proceso de experimentar esa esperanza. De hecho, la palabra traducida «protege», es uno de los términos más fuertes en el Nuevo Testamento. Literalmente significa: «estar protegido por un ejército».

En otras palabras, Pedro dice: «Aquí estás con tu esperanza en Cristo. Has fijado tus ojos en él. Tú crees que ha salido de la tumba, tú confías en él y crees que algún día tú también vivirás para la eternidad. Además, a lo largo de todo tu caminar con él, ha prometido protegerte y ayudarte todos los días».

Por eso no es de extrañarse que tantos hayan escrito sobre la relación de nuestra esperanza eterna y nuestra experiencia día a día con los problemas y dificultades. C.S. Lewis una vez dijo lo siguiente: «Apunta al cielo y tendrás la "añadidura" de la tierra: apunta a la tierra y no tendrás ninguno de los dos».[4] Esa es una verdad poderosa. Él quiere decir que si no escoges el único camino al cielo, no llegarás allá en lo absoluto; y al perderte el cielo, tampoco tendrás nada por lo cual valga la pena vivir aquí en la tierra.

Solamente al fijar nuestra ancla en la eternidad encontraremos estabilidad para la vida en estos días llenos de estrés antes del regreso de nuestro Señor. Bueno, todavía tendremos problemas. Todavía tendremos un viaje tortuoso a través del camino. Pero hay una diferencia, por fin nuestros problemas comenzarán a tener sentido.

Una razón para los problemas

Nota lo que dice Pedro en los versículos 6 y 7: «Esto es para ustedes motivo de gran alegría, a pesar de que hasta ahora han tenido que sufrir diversas pruebas por un tiempo. El oro, aunque perecedero, se acrisola al fuego. Así también la fe de ustedes, que vale mucho más que el oro, al ser acrisolada por las pruebas demostrará que es digna de aprobación, gloria y honor cuando Jesucristo se revele».

Me gusta la Biblia por lo honesta que es.

Pedro no nos estaba dando un asunto AMP (Actitud Mental Positiva). Él no estaba diciendo: «Tengan esperanza y todas las cosas van a estar bien». Él no está diciendo: «Si ponen su confianza en Cristo, sus problemas se desvanecerán». No. En lugar de eso, dice: «Coloca tu esperanza en el Señor y *prepárate para algunos desafíos*. Las pruebas te remecerán, pero incluso en ese proceso, Dios tiene un propósito».

Un teólogo escocés llamado Samuel Rutherford, en una ocasión explicó el propósito de los problemas que enfrentamos en medio de nuestra esperanza. La verdad que él declara es críticamente importante:

Si hace algún tiempo Dios me hubiera dicho que estaba a punto de hacerme tan feliz como yo podría ser en este mundo, y luego me hubiera dicho que empezaría por paralizarme, ya sea de un brazo o de cualquier otra extremidad, o que me retiraría todas mis fuentes de gozo habitual, yo habría pensado que esta era una muy extraña manera de lograr su propósito. ¿Cómo se manifiesta su sabiduría en esto? Si ves a un hombre encerrado en una habitación oscura, idolatrando a un grupo de lámparas y regocijándose ante su luz, y en realidad deseas hacerlo feliz, empezarías por apagar todas sus lámparas y abrir las ventanas para dejar entrar la luz del cielo.[5]

Joni Eareckson Tada leyó estas palabras y añadió su propio comentario:

Eso es exactamente lo que Dios hizo por mí. Cuando puso en mi camino un cuello roto, él apagó las lámparas en mi vida que me iluminaban aquí y me mantenían cautiva. La oscura desesperanza de mi parálisis no fue nada divertida, ¡pero de seguro trajo a la vida aquellas promesas de resurrección! Y un día, cuando Jesús regrese, cuando esté acostada en el sofá de mi oficina por enésima vez, Dios abrirá los cerrojos del cielo. No tengo duda alguna de que estaré más lista de lo que habría estado de haber podido usar mis pies.[6]

Los problemas que enfrentamos y los difíciles desafíos de la vida simplemente nos permiten apreciar aun más cómo va a ser cuando veamos al Señor. A medida que se apagan las lámparas, la gloria de nuestro maravilloso Salvador se vuelve todavía más preciosa para nosotros.

No es que nosotros los creyentes pasemos la vida sin dolores, sino que hay una vasta diferencia en cómo nosotros y cómo los no creyentes procesamos esas dificultades. No tenemos un escudo que nos proteja del peso de la vida. Tener esperanza en Cristo no significa que navegaremos por la vida sin tormentas. La esperanza en Cristo no evitará que sintamos tensión y agonía por la decadencia moral en estos tiempos finales. La esperanza en Cristo no nos exime de los altibajos de la vida diaria. Si alguien te dice que es así, no está viviendo en el mundo real. Nadie pasa por la vida sin tormentas o baches. Todos experimentamos el peso de la vida. Pero esta es la diferencia: *un cristiano tiene tristeza superficial y felicidad medular; un no creyente tiene felicidad superficial y tristeza medular.*

Un no creyente hará cualquier cosa para avivar el fuego de su felicidad superficial. Esa es la razón por la que corre de una cosa a la otra, tratando de mantener vivo el exterior durante un momento, con el fin de sacar el dolor que tiene adentro. Alguien ha dicho que una vida ocupada es la anestesia que usamos para aliviar el dolor de una vida vacía. Pero cuando un no creyente está solo, se da cuenta dónde está, se ve sobrecogido por una tristeza medular... un mordaz sentimiento de inutilidad.

Dios quiere revertir todo eso en ti. Él desea tomar todo lo que es medular y triste en tu vida, y reemplazarlo con gozo. Y él lo hará por medio de su Hijo, el Señor Jesucristo.

Es una decisión

Tarde o temprano en nuestras vidas llegamos a una bifurcación en el camino en la cual tenemos que tomar una decisión. Ya sea colocando nuestra confianza en nuestra propia fuerza y en aquello que podría ofrecernos el reino humano, o elegir el otro reino y emprender nuestra jornada hacia Dios. La esperanza en Dios es una decisión que tomamos. Es algo que elegimos.

A Norman Cousins le diagnosticaron una muy seria enfermedad que amenazó su vida. Todos sus médicos dijeron que moriría. Pero a este anuncio él respondió de una manera curiosa. Decidió que si iba a morir, moriría *riendo*.

Cousins reunió las caricaturas más divertidas que pudo encontrar, todas las películas de Laurel y Hardy que pudo reunir, todos los libros de chistes que pudo obtener; y pasó de ocho a diez horas diarias viendo películas divertidas y muriéndose de la risa. ¿Adivina qué pasó? ¡Mejoró!

Después de eso, escribió un libro llamado *Anatomía de una enfermedad* (Editorial Kairos, 1993), en el que describió el impulso positivo de la esperanza y la risa para la enfermedad física. Después se le pidió a Cousins que se uniera a la facultad médica de la Universidad del Sur de California. Durante una década estudió con estos practicantes médicos de alto vuelo, investigando la idea de la esperanza como un medio de curación. Estudió a la gente con serios diagnósticos, algunos con esperanza, otros sin ella. Basado en esta investigación escribió un grueso libro que se titula *Head First: The Biology of Hope*. Y es asombroso lo que descubrió Cousins.

En un pasaje escribe:

La gente me dice que no ofrezca esperanza a menos que sepa que la esperanza sea real, pero yo no tengo el poder de no responder a una mano extendida. No sé lo suficiente como para decir que la esperanza no puede ser real. No estoy seguro de que alguien sepa lo suficiente como para negar la esperanza. Durante estos últimos diez años he visto demasiados casos en los que prestigiosos profesionales predijeron la muerte solo para que gloriosamente los refutaran pacientes que tenían menos que ver con la biología tangible que con el espíritu humano.[7]

Cousins dijo que mientras «el espíritu humano» pueda ser un concepto vago para algunas personas, es probable que sea la fuerza más grande en el arsenal humano para enfrentar el desaliento y la enfermedad. Esa es la razón por la que, cuando se confrontaba con gente a la que se le decía que sus situaciones eran terminales, él les respondía: «No nieguen el diagnóstico, pero desafíen el veredicto».[8]

Me pregunto, *¿cuántos de nosotros hemos enfrentado desafíos de esa naturaleza?* Todos los que nos rodean dicen cuán malo va a ser, por qué no va a servir y cómo no podremos lograrlo. Todos hablan sobre cómo nuestra cultura está moralmente en caída libre y que haríamos bien en almacenar comida deshidratada y vivir en un sótano en Dakota del Norte.

Mi amigo, no podemos negar el diagnóstico, pero a través de la fe en Jesucristo *podemos* desafiar el veredicto. Hasta donde yo sé, la palabra final en lo que a esperanza se refiere, no proviene de la tierra, sino del *cielo.*

Sin embargo, tenemos que escoger la esperanza. Muy a menudo, en su lugar, escogemos las mentiras.

Martín Seligman escribió un libro titulado *Learned Optimism.* Seligman dice que *aprendemos* a ser desesperanzados. Cuando la dificultad golpea, nos decimos tres mentiras en referencia a lo que está pasando: es *personal,* es *generalizada* y es *permanente.*[9]

Muy a menudo, cuando estamos desesperados, nos decimos que el desastre es personal. «Soy la única persona en el mundo que ha pasado por esto», decimos. «Debe ser alguna clase de venganza personal que Dios tiene en contra de mí. *Señor, ¿por qué a mí?*»

Luego nos decimos que es general, es decir, que una dificultad en nuestras vidas ha afectado todo lo demás. Toda nuestra vida está destruida porque una cosa salió mal. ¿Alguna vez has sentido eso?

Estás pasando momentos difíciles y te encuentras diciendo: «Toda mi vida es un desastre». Probablemente esto no sea verdad. Tal vez haya un rincón de tu vida que ahora mismo esté bastante estropeado, pero es probable que toda tu vida no sea un desastre.

Pero la peor mentira que nos decimos es la última: que es permanente. «Es terrible, es malo y no va a mejorar nunca». Y cuando por último tomamos posesión de esas mentiras, estamos tanto desesperanzados como indefensos.

¿Por qué nos hacemos esto? ¿Por qué no elegir la esperanza?

Una puerta de esperanza

El profeta Oseas habló de un momento en el futuro cuando Dios bendecirá maravillosamente a los judíos, el pueblo de Israel. Fíjate en lo que dice Oseas 2:15 (RVR 60): «Y le daré... el valle de Acor por puerta de esperanza; y allí cantará».

Esta es una asombrosa promesa. ¿Por qué? Porque el valle de Acor es el lugar donde Israel conoció la derrota después de entrar a la Tierra Prometida. ¿Recuerdas la historia? Un israelita llamado Acán desobedeció a Dios y trajo juicio sobre Israel. Cuando finalmente se descubrió su pecado, los apedrearon a él y a toda su familia en el valle de Acor.

En hebreo, *Acor* significa «problema o conflicto». Josué 7:26 concluye la triste historia, notando: «Luego colocaron sobre ellos un gran montón de piedras que sigue en pie hasta el día de hoy. Por eso aquel lugar se llama valle de Acor. Así aplacó el Señor el ardor de su ira».

Pero Oseas, siglos más tarde, predice cosas que van a ser más grandes para el pueblo de Israel que el mismo valle donde apedrearon a Acán —el Valle del Problema—, se convertirá en «una puerta de esperanza».

¿Sabes qué he descubierto? Cada vez que un cristiano atraviesa el Valle del Problema, hay una puerta de esperanza.

Ahora bien, si quieres compadecerte en el Valle del Problema durante el resto de tu vida, sintiendo desesperanza y pérdida de bendición, puedes hacerlo. Pero primero haz esto. Mira a tu alrededor en el Valle del Problema. *Hay una puerta*. Es una puerta de esperanza. Si quieres dejar el Valle del Problema, debes pasar a través de la puerta de la esperanza. Debes decidir tomar una acción. Cuando lo hagas, saldrás del Valle del Problema a través de la puerta de la esperanza y entrarás al amplio lugar de la bendición de Dios.

Satanás te dirá: «No, tú estás en el valle y tienes que quedarte ahí. No puedes salir. Es un valle sin salida».

No sé cuántos cristianos he conocido a través de mi vida ministerial que han pasado diez o quince años en el valle. Cuando finalmente descubres qué los llevó hasta allí y lo fácil que habría sido para ellos atravesar la puerta de la esperanza hacia la bendición de Dios, te preguntas, *¿Por qué nadie se los dijo?*

No, mi amigo, la esperanza crece en medio de la desesperanza. Tal vez te sientas atrapado en el Valle del Problema, ¡pero siempre hay una puerta! Simplemente debes decidir atravesarla.

¡Jesús ya viene! Regresará para los suyos y le veremos cara a cara. Pero hasta ese momento el Hijo de Dios vive dentro de nosotros y ha prometido nunca abandonarnos.

¡Él vive! ¡La esperanza está viva!

Porque Él vive

Una de mis personas favoritas es Bill Gaither. Él y Gloria, su esposa, nos han dado mucho de la moderna himnodia que disfrutamos. Es un tremendo legado.

Bill cuenta cómo él y Gloria, a principios de los sesentas, pasaron días de terrible dificultad. Él acababa de pasar un ataque de mononucleosis; Gloria estaba sufriendo una leve depresión y estaban a punto de tener un hijo. Gloria miraba a su alrededor, a un mundo que parecía completamente confuso, y su corazón se llenó de desesperanza. Llegaba un niño a su hogar y ella pensaba: *¿Qué clase de personas somos para traer un niño a este desastroso mundo?*

Un día Gloria estaba en su estudio, esperando en silencio ante el Señor, cuando el Espíritu de Dios comenzó a mover su corazón e imprimió en ella este mensaje central de esperanza en Jesucristo. Él comenzó a ayudarle a entender que la vida siempre vence a la muerte, siempre que la vida sea en Jesucristo. Pronto comenzó a entender que la vida vencería a la muerte y no solo algún día, sino *ahora*. Ella vio que si colocamos nuestra fe en el Cristo vivo, podemos vencer los sentimientos de desaliento y depresión que provocan los desafíos de la vida diaria. Reconocer esto la conmovió tanto que trató de expresarlo en la letra de una canción, un himno que se ha vuelto muy preciado para todos nosotros y dice así:

Porque él vive, triunfaré mañana
Porque él vive, ya no hay temor
Porque yo sé, que el futuro es suyo
La vida vale más y más solo por él

Ahora sabes también por qué ella escribió la segunda estrofa de esta canción:

Qué gozo hay al ver a un niño
Verle jugar y sonreír
Pero es mejor, la dulce calma
Que Cristo el Rey nos puede dar, pues vivo está.

Un día después de haber escrito la canción, el padre de Bill visitó a los Gaither en Alejandría, Virginia. Él llegó al edificio de oficinas donde Gloria estaba trabajando y le dijo: «Gloria, ven con Bill acá afuera, tengo algo que mostrarles».

Unas pocas semanas antes de su visita habían vuelto a pavimentar el estacionamiento del edificio. Los trabajadores trajeron piedras y las colocaron y esparcieron con unas pesadas maquinarias. Luego trajeron la grava y también la esparcieron. Después cubrieron la piedra y la grava con asfalto caliente que derritieron y esparcieron. Finalmente, colocaron y esparcieron otra capa de asfalto.

El papá de Bill señaló al medio del estacionamiento y dijo: «¡Miren eso!» Justo a través de la roca, a través de la gravilla, a través de la primera capa de asfalto y a través de la segunda capa, ha crecido un tierno y verde retoño. No era grande ni sustancial. Un niño podía haberla arrancado. Pero ese retoño verde no salió por ser fuerte ni agudo ni por tener alguna característica especial. Salió a través de la piedra, la gravilla y el asfalto, porque tenía una cualidad: *vida*. ¡La vida siempre reina sobre lo inerte!

En la actualidad, Jesucristo nos habla a todos a medida que buscamos la esperanza que necesitamos en pos de vidas equilibradas, positivas y productivas. Incluso en estos tiempos tumultuosos, él llega a nosotros y nos dice: «¡Escucha! Yo soy el Dios viviente. Yo triunfé sobre la muerte. Quiero vivir en ti y darte la esperanza que necesitas para enfrentar los desafíos de la vida».

Si nunca has puesto tu esperanza en Dios a través de la fe en su hijo Jesucristo, necesitas tomar esa decisión. ¡Allí es donde empieza la vida! Puedes probar toda clase de remedios psicológicos para la desesperanza en tu vida, pero si no conoces al Cristo resucitado, no encontrarás ni disfrutarás de la esperanza máxima… y continuarás viviendo en el rincón de la Desesperanza y la Desesperación.

Cualquiera que sean tus circunstancias actuales, cualquiera que sea el clima, cualquiera que sea la situación que te presiona, da un paso a la brillante y cálida luz del sol de una esperanza que está viva. Está viva porque él está vivo y nunca morirá porque él vive para siempre.

Nunca olvides esto, amigo mío, antes que este día termine, antes que el sol se esconda tras las colinas, antes que taches otro día en tu almanaque, él podría llamarnos a su presencia. En un abrir y cerrar de ojos te encontrarás envuelto en los fuertes brazos de la Esperanza misma. ¡Quizás sea hoy!

Epílogo

¿A QUIÉN DEBO TEMER?

En medio de los candelabros estaba alguien «semejante al Hijo del hombre», vestido con una túnica que le llegaba hasta los pies y ceñido con una banda de oro a la altura del pecho. Su cabellera lucía blanca como la lana, como la nieve; y sus ojos resplandecían como llama de fuego. Sus pies parecían bronce al rojo vivo en un horno, y su voz era tan fuerte como el estruendo de una catarata. En su mano derecha tenía siete estrellas, y de su boca salía una aguda espada de dos filos. Su rostro era como el sol cuando brilla en todo su esplendor.

Al verlo, caí a sus pies como muerto; pero él, poniendo su mano derecha sobre mí, me dijo: «No tengas miedo. Yo soy el Primero y el Último, y el que vive. Estuve muerto, pero ahora vivo por los siglos de los siglos, y tengo las llaves de la muerte y del infierno (Apocalipsis 1:13-18).

Apocalipsis, capítulo 1, contiene un asombroso retrato del Cristo glorificado y resucitado. Jesucristo, el Alfa y el Omega, el Principio y el fin, se presentó al apóstol Juan en una impactante visión, no como el dócil y tierno Cordero de Dios, sino como el León rugiente de Judá. Los versículos del 13 al 16 nos muestran a un poderoso Salvador brillando en la plenitud de su poder y su gloria:

Su ropa habló de su grandeza, fidelidad y majestad;

Su cabeza y cabello de un blanco brillante hablaron de su eternidad y santidad;

Sus ojos de fuego hablaron de su omnisciencia;

Sus pies de bronce hablaron de poderosa justicia;

Su boca habló de su soberanía suprema sobre el mundo;

Sus manos hablaron de su señorío, control y autoridad;

Su rostro, la característica central de su persona, hacía que todo palideciera a la luz de su brillo.

El comentarista William Ramsey capturó la escena de la siguiente forma:

> Aquí está el Hijo del Hombre revestido de poder y majestad, con asombro y terror. Esa larga túnica real; ese cinturón dorado ajustado al pecho; el cabello de un blanco brillante como la nieve sobre el cual brilla el sol, lastima los ojos; esos ojos destellando fuego, ojos que leen todo corazón y penetran todo rincón secreto; esos pies resplandecientes con el fin de pisotear a los malvados; esa fuerte y estruendosa voz, como poderosas olas reventando en las rocosas orillas de Patmos; esa grande, afilada, larga y pesada espada de doble filo; sí, esa apariencia toda «como sol brillando con toda su fuerza», era demasiado intensa para que el ojo humano la viera, la imagen, en su totalidad, es simbólica de Cristo, el Santo, que vino a purificar sus iglesias.[1]

Juan nos dice que esta majestuosa visión lo sobrecogió tanto que «Al verlo, caí a sus pies como muerto». Este no fue un acto voluntario de adoración, sino una reacción instintiva de miedo. Otros en la Biblia experimentaron el mismo temor: Abraham «cayó sobre su rostro» cuando Dios habló con él (Génesis 17:3); Moisés «se cubrió el rostro, pues tuvo miedo» (Éxodo 3:6); Balaam «se inclinó entonces y se postró rostro en tierra» (Números 22:31); Josué «postrándose sobre su rostro en tierra, le adoró» (Josué 5:14); Gedeón y Manoa gritaron alarmados y muertos de miedo (Jueces 6:22-23; 13:20-22); Isaías sintió que había muerto (Isaías 6:5); Ezequiel se postró sobre su rostro (Ezequiel 1:28); Daniel sintió como si le hubieran quitado toda su fuerza (Daniel 10:8).

Y la situación no cambió en los días del Nuevo Testamento. Los tres discípulos en la transfiguración «se postraron sobre sus rostros, aterrorizados» (Mateo 17:6); Saulo de Tarso cayó al piso y quedó ciego como resultado de presenciar su gloria (Hechos 22:7,11).

Así que, aunque Juan había conocido personalmente a Jesús y había sostenido su cabeza sobre su pecho, no resulta sorpresivo que cayera ante Jesús como muerto. Estaba abrumado por la majestad del Hijo del Hombre glorificado.

¡Ah! ¡Pero Jesús no permitiría que su siervo y amigo permaneciera en esa posición! Juan nos dice que «poniendo su mano derecha sobre mí, me dijo: "No tengas miedo"». En medio del paralizante temor de Juan, el Señor lo tocó con su mano derecha, que sostenían las estrellas, y le habló con la voz que retumbaba como el sonido de muchas aguas. Tanto el toque como las palabras, animaron grandemente al apóstol.

Esto habría sido suficiente, pero el Señor, en su gracia, le dio a Juan tres poderosas razones por las cuales no debía temer:

1. *No temas, porque soy el Dios eterno.* «Yo soy el Primero y el Último», proclamó Jesús, «y el que vive». En otras palabras, «Yo soy el primero y no hay otro antes de mí. Y soy el último y no vendrá otro después. Soy el que vive. Así que, ¡no tengas miedo, porque vivo para siempre!»

2. *No temas, porque soy el Cristo resucitado.* «Estuve muerto, pero ahora vivo por los siglos de los siglos», anunció el Señor. Este es el hecho central que le dio esperanza al apóstol Pedro; por esto él pudo decirnos que habíamos nacido a una esperanza viva. ¡Jesús ha resucitado de entre los muertos! Y por lo tanto, la muerte ya no tiene más poder sobre nosotros. «No tengas miedo», nos dice Jesús, «¡porque yo he vencido a la muerte!»

3. *No temas, porque yo tengo las llaves de la muerte y el hades.* «Tengo las llaves de la muerte y del infierno», declaró Jesús. Poseer estas llaves implica que nuestro Señor triunfó sobre la muerte y la tumba. «Así que no tengas miedo», nos dice Jesús, «porque el poder sobre la muerte y la tumba está en mi mano ¡y está disponible para todo aquel que confía en mí!»

Mi amigo, este es el Jesús cuyas certeras palabras proféticas hemos estado estudiando juntos. Este es el Jesús que no solo conoce el futuro, sino que vive en él tan cómodamente como vive en lo que ya ha sido. Este es el Jesús que tiene todo el poder en sus manos y que, sin embargo, nos pide que nos acerquemos y caminemos junto a él. Y este es el Jesús que ve todo lo que está por delante de cada uno de nosotros y que nos dice ¡no tengas miedo!

Por último, esta es su palabra final para cada uno de nosotros. Sí, vendrán problemas. Caerán reinos. Hasta el mismo cielo se sacudirá. Pero por ser quien es, nos motiva con las mismas palabras de poder que le dio al apóstol Juan: «¡No tengas miedo!» Así que, con toda confianza podemos decir con el salmista:

El Señor es mi luz y mi salvación; ¿a quién temeré? —El Señor es el baluarte de mi vida; ¿quién podrá amedrentarme? (Salmos 27:1)

Notas

Capítulo 1

1. Macklin, William R., «Judgement Day Fails to Arrive on Time» [El día de juicio no llegó a tiempo], *The Sunday Oregonian*, 2 de octubre de 1994.

2. Harrison, Nick, «Gearing Up for Millennial Fervor» [El fervor del milenio en marcha], *Publishers Weekly*, 13 de enero de 1997, p. 38.

3. Ibid., p. 40.

4. Burkett, Larry, «Awaiting the "Churn" of the Century» [Esperando el "revuelo" del siglo], *Turning Point*, Agosto de 1998, p. 13.

5. Lacayo, Richard, «The End of the World As We Know It?» [¿El fin de los tiempos como lo conocemos?] *Time*, 18 de enero de 1999, p. 68.

6. Burkett, «Revuelo del siglo».

Capítulo 2

1. Schlossberg, Herbert, *Idols for Destruction*, Thomas Nelson, TN, 1983, p. 234.

2. Ibid.

3. La historia del engaño en el tiempo de Josías y Ezequiel se adaptó de *Invasion of Other Gods: The Seduction of New Age Spirituality*, por David Jeremiah con C.C. Carlson, Word, Dallas, TX, 1995, p. 47.

4. Crum, David, *Bible Isn't Jesus' Gospel Truth, Scholars Say,* [La Biblia no es la verdad del evangelio de Jesús], *Orange County Register*, 12 de diciembre de 1993.

5. Breese, David, *His Infernal Majesty*, Moody Press, Chicago, IL, 1974, p. 19.

6. Ibid., p. 26

7. Wiersbe, Warren, *La estrategia de Satanás, cómo conocerla y vencerla*, Editorial Portavoz, Buenos Aires, 2000, pp. 21-22 del original en inglés.

8. Breese, *His Infernal Majesty*, pp. 38, 39.

Capítulo 3

1. National Center for Victims of Crime [Centro Nacional de Víctimas del Crimen], 2111 Wilson Blvd., Suite 300, Arlington, VA 22201, 1998.

2. Church, J.R., «Riders of Revelation 6, Mount Up!» [Jinetes de Apocalipsis 6, ¡Monten!] en *Foreshocks of Antichrist*, William T. James, ed., Harvest House Publishers, Eugene, OR, 1997, pp. 332-33.

3. Resumen del Informe Semianual para la Vigilancia del HIV/AIDS del Centro para el control de enfermedades. Los números se basan en los casos de SIDA informados al Centro hasta el 30 de junio de 1998.

Capítulo 4

1. George, Timothy, «The Lure of the Apocalypse» [El atractivo del Apocalipsis], *Christianity Today*, 19 de junio de 1995, p. 16.

2. Ibid.

3. Alnor, William A., *Soothsayers of the Second Advent*, Revell Co., Old Tappan. NJ, 1989, pp. 35-36.

4. Ibid., p. 36.

5. Sumrall, Lester, *I Predict 2000 a.D.*, LeSEA Publishing Co., South Bend, IN., 1987, p. 74.

6. Spencer, William David, «Does Anyone Really Know What Time It Is?» [¿Realmente sabe alguien qué hora es?] *Christianity Today*, 17 de julio de 1995, p. 29.

7. Swindoll, Charles, *Rise and Shine*, Multnomah, Portland, OR, 1989, pp. 168-69.

8. Zoba, Wendy Murray, «Future Tenses» [Tiempo Futuro], *Christianity Today*, 2 de octubre de 1995, p. 22.

Capítulo 5

1. Tozer, A.W., *El hombre: La morada De Dios*, Editorial Clie, Barcelona, 1994, p. 151 del original en inglés.

2. «On the Mountain's Brink» [Al filo de la montaña], Folleto del Departamento de Agricultura de los Estados Unidos, p. 25.

3. Findley, Row, «St. Helens: Mountain with a Death Wish» [Santa Elena: Monte con un deseo de muerte], *National Geographic*, enero de 1981, p. 20.

Capítulo 6

1. Peter, Laurence J. y Hull, Raymond, *El principio Peter*, Plaza edición, Barcelona, España, p. 7 del original en inglés.

Capítulo 7

1. Panati, Charles, *Panati's Extraordtnary Endings of Practically Everything and Everybody*, Harper St Row, NY, 1989, p. 398.

2. Whitesell, Ferris Daniel, *Basic New Testament Evangelism*, Zondervan, Grand Rapids, MI, 1949, p. 133.

3. Adaptado de John M. Drescher, «A Plea for Fishing» [Invocación a la Pesca], *Pulpit Digest*, Julio/Agosto de 1978.

Capítulo 8

1. Morley, Patrick M., «Building Our Kids» [Edificar a nuestros hijos] en *God's Vitamin "C" for the Spirit of Men*, comp. D. Larry Miller, Starburst Publishers, Lancaster, PA, 1996, p. 81.

Capítulo 9

1. Jones, Robin, vuelto a narrar por Casandra Lindell, «Una parábola de la perspectiva de Dios», *Más Historias de Aguas Refrescantes*, comp. Alice Gray, Unilit, Marzo de 2000, Miami, FL, pp. 270-71 del original en inglés.

Capítulo 10

1. Cooligan, Douglas, «That Helpless Feeling: The Dangers of Stress» [Esa sensación de impotencia: Los peligros del estrés], *New York Magazine*, 14 de julio de 1975, p. 28.

2. Bellah, Mike, «Make Room for Baby Boomers» [Abran espacio para los baby boomers] *The Evangelical Beacon*, Abril de 1991, p. 7.

3. Earckson Tada, Joni, «We Will Be Whole» [Seremos todo] *Today's Christian Woman*, Marzo/Abril de 1991, p. 35.

4. Lewis, C.S., *Mero cristianismo,* Editorial Andrés Bello, Santiago, 1994, p. 118 del original en inglés.

5. Tada, «We Will Be Whole», p. 36.

6. Ibid.

7. Cousins, Norman, *Head First: The Biology of Hope*, E.P. Dutton, NY, 1989, p. 65.

8. Ibid., p. 239.

9. Seligman, Martin E.P., *Learned Optimism,* Pocket Books, New York, 1998, pp. 40-51.

10. Gaither, Gloria, *Porque Él vive*, Trad. Sid D. Guillén, 1971, *Himnario Bautista*, Casa Bautista de Publicaciones, El Paso, TX, 1978, p. 460.

Epílogo

Hendriksen, I.W., *Más que vencedores: Una interpretación del Apocalipsis*, Baker Book House, Grand Rapids, MI, 1975, p. 71, del original en inglés.

Índice Escritural

Sobre el Autor

DAVID JEREMIAH es pastor principal de la Iglesia Comunitaria de Shadow Mountain en El Cajún, California, y Rector de la Universidad Cristiana de San Diego. Es anfitrión del programa de radio *Momento Decisivo*, el cual se transmite diariamente en más de 950 estaciones. El Dr. Jeremiah ha escrito numerosos libros, incluyendo *When Your World Falls Apart*; *Escape the Coming Night*; *The Handwriting on the Wall* (escrito con C.C. Carlson); *Aplaste los gigantes que hay en su vida* y *En busca del cielo en la tierra*. El Dr. Jeremiah y Donna, su esposa, tienen cuatro hijos y ocho nietos.

Nos agradaría recibir noticias suyas.
Por favor, envíe sus comentarios sobre este libro
a la dirección que aparece a continuación.
Muchas gracias.

Vida@zondervan.com
www.editorialvida.com